박문각 행정사

2차

이상기 사무관리론

박문각 행정사연구소 편_이상기

동영상 강의 www.pmg.co.kr

목차 및 단문 문제집

박문각

머리말

행정사 자격시험도 어느덧 제13회 시험을 앞두고 있습니다. 회차가 거듭될수록 많은 사람들의 관심이 높아지고 응시자 수가 증가하고 있어, 이에 따라 시험의 난이도는 높아지고 있는 실정입니다.

행정사 2차 4과목은 주관식 문제로 출제됩니다.

주관식의 공통적인 대비 방법은
1. 기본이론의 숙지
2. 목차 정리와 키워드 정리 및 암기
3. 그리고 많은 양의 쓰기 연습이 필요합니다.

본 과목은 특히 위의 3가지가 반드시 필요한 과목이라고 할 수 있습니다.
본 과목은 여타 2차 과목과 달리 사례형으로 출제가 되는 과목이 아니라 법 조문 위주로 출제되므로 조문의 암기가 무엇보다 중요하며, 법 조문이 아닌 이론적인 내용의 암기도 필요한 과목입니다. 더욱이 12회의 예를 들면 교과서에도 전혀 없는 불의타 문제도 출제되고 있습니다. 점점 더 수험 대비가 어려워짐을 알 수 있습니다.

본 과목이 단순 암기 과목이라고 할 수도 있겠으나, 암기의 선결조건은 이해입니다. 조문과 이론의 이해가 수반되어야 효과적으로 암기할 수 있고 이어 모범답안을 구성할 수 있을 것입니다.

암기와 쓰기가 되기 위한 가장 중요한 것은 기본이론이 숙지되었다는 전제하에 목차와 키워드의 정리 및 암기입니다. 이러한 이유로 본서는 사무관리론 전 단원의 내용을 문제 지문화하여 목차를 정리, 수록하였습니다. 모든 수험자들은 본서에 수록된 문제의 목차를 반드시 암기하여야 할 것입니다.
그리고 단원별 단문(약술)문제를 다량 수록하였습니다.

기본이론이 숙지 된 상태에서 목차와 키워드를 암기하고 본서에 수록된 문제들을 숙지하며 많은 양의 쓰기 연습이 수반된다면 어렵다고 느끼는 주관식 시험에 대비가 가능하고, 사무관리론 과목의 고득점도 가능할 것입니다.

전혀 예상할 수 없는 불의타 문제에 대한 대비는 문장력을 길러야 할 것인데, 이 또한 평소 많은 양의 쓰기 연습이 필요합니다. 본서의 문제들에 대한 쓰기 연습을 통하여 문장력을 기른다면 12회 시험의 예처럼 교과서 외의 예상 불가능한 문제가 출제되어도 능히 대비가 가능할 수 있을 것입니다.

본서는 본 편저자가 제12회 행정사 자격시험 대비부터 출간한 교재로, 많은 수험자들로부터 호평을 받은 수험서입니다. 회가 거듭될수록 개정, 보완하여 출간할 것입니다. 본 편저자가 제1회 행정사 시험부터 강의를 시작하여 현재까지 강의를 하면서 쌓아온 경험과 노하우를 모두 쏟아부어 성심껏 최선을 다하여 정리 및 출제한 문제들을 수록하였습니다.

본서가 제13회 행정사 시험의 합격과, 사무관리론 과목의 고득점을 향한 이정표가 될 것임을 믿어 의심치 않습니다.

수험자 여러분들의 합격을 진심으로 기원합니다.

끝으로 본서가 나오기까지 도움 주신 ㈜박문각 출판사 관계자 분들과 박문각 서울법학원 2관 관계자 여러분, 동료 행정사 교수진, 그리고 사랑하는 가족들에게 감사를 드립니다.

"우리의 시작은 미약할 수 있으나 그 결과는 창대할 것이고 하늘은 스스로 돕는 자를 도울 것입니다."

2025. 1. 8.

경기도 시흥시 정왕동 나래 행정사 사무소에서...

행정사 이상기 拜上

행정사 2차 시험 정보

1. 시험 일정: 매년 1회 실시

구분	원서 접수	시험 일정	합격자 발표
1차	2025년 4월 14일~4월 18일	2025년 5월 31일	2025년 7월 2일
2차	2025년 7월 28일~8월 1일	2025년 9월 27일	2025년 12월 10일

〈2025년 제13회 행정사 시험 기준〉

2. 시험 과목 및 시간

교시	입실	시험 시간	시험 과목	문항 수	시험 방법
1교시	09:00	09:30~11:10 (100분)	**[공통]** ① 민법(계약) ② 행정절차론(행정절차법 포함)	과목당 4문항 (논술 1, 약술 3) ※ 논술 40점, 약술 20점	논술형 및 약술형 혼합
2교시	11:30	•일반/해사 행정사 11:40~13:20 (100분) •외국어번역 행정사 11:40~12:30 (50분)	**[공통]** ③ 사무관리론 　(민원 처리에 관한 법률, 행정업무의 운영 및 혁신에 관한 규정 포함) **[일반행정사]** ④ 행정사실무법(행정심판사례, 비송사건절차법) **[해사행정사]** ④ 해사실무법(선박안전법, 해운법, 해사안전기본법, 해사교통안전법, 해양사고의 조사 및 심판에 관한 법률) **[외국어번역행정사]** 해당 외국어(외국어능력시험으로 대체 가능한 영어, 중국어, 일본어, 프랑스어, 독일어, 스페인어, 러시아어 등 7개 언어에 한함)		

외국어능력검정시험 성적표 제출

2차 시험 원서 접수 마감일 전 5년 이내에 실시된 것으로 기준 점수 이상이어야 함

● 영어

시험명	TOEIC	TEPS	TOEFL	G-TELP	FLEX	IELTS
기준 점수	쓰기시험 150점 이상	쓰기시험 71점 이상	쓰기시험 25점 이상	GWT 작문시험에서 3등급 이상(1, 2, 3등급)	쓰기시험 200점 이상	쓰기시험 6.5점 이상

● 일본어, 중국어, 스페인어, 프랑스어, 독일어, 러시아어

시험명	FLEX (공통)	신HSK (중국어)	DELE (스페인어)	DELF/DALF (프랑스어)	괴테어학 (독일어)	TORFL (러시아어)
기준 점수	쓰기 시험 200점이상	6급 또는 5급 쓰기 60점 이상	C1 또는 B2 작문 15점 이상	C2 독해/작문 25점 이상 및 C1 또는 B2 작문 12.5점 이상	C2 또는 B2 쓰기 60점 이상 및 C1 쓰기 15점 이상	1~4단계 쓰기 66% 이상

시험의 면제

1. **면제 대상**: 공무원으로 재직한 사람과 외국어 번역 업무에 종사한 경력이 있는 사람 등은 행정사 자격시험의 전부 또는 일부가 면제된다(제2차 시험 일부 과목 면제).

2. **2차 시험 면제 과목**

일반/해사행정사	행정절차론, 사무관리론
외국어번역행정사	민법(계약), 해당 외국어

합격자 결정 방법

1. **합격기준**: 1차 시험 및 2차 시험 합격자는 과목당 100점을 만점으로 하여 모든 과목의 점수가 40점 이상이고, 전 과목의 평균 점수가 60점 이상인 사람으로 한다(단, 2차 시험에서 외국어시험을 외국어능력검정시험으로 대체하는 경우에는 해당 외국어시험은 제외).

2. **최소합격인원**: 2차 시험 합격자가 최소선발인원보다 적은 경우에는 최소선발인원이 될 때까지 모든 과목의 점수가 40점 이상인 사람 중에서 전 과목 평균점수가 높은 순으로 합격자를 추가로 결정한다. 이 경우 동점자가 있어 최소선발인원을 초과하는 경우에는 그 동점자 모두를 합격자로 한다.

출제경향 분석

1. 시험 난이도

금번 실시된 제12회 행정사 자격증 시험의 사무관리론 문제의 난이도는 평이한 편이라고 보이나, 11회 시험 당시 출제되지 않았던 "행정업무혁신규정"상 개정내용과 "민원처리법령"상 개정내용들이 금회에도 출제되지 않았으며, 또한 2회, 5회, 6회, 7회, 8회, 11회 기출되었던 내용들이 재출제되었고, 특이한 것은 교재 및 법령 어디에도 전혀 그 내용을 알 수 없는 약술형 문제 3번의 "사무개선의 개념과 사무개선을 위한 집단 아이디어 발상법에 관하여 설명하라"는 내용이 출제되어 수험자들을 당황하게 하는 문제가 출제되었다.

2. 출제경향

금회 시험도 역시 민원법령의 내용이 논술형 40점 문제(물음1, 2)로 출제되어 민원법령내용의 숙지가 얼마나 중요한지 깨닫게 되는 시험이었고, 약술형 문제는 모두 "행정업무혁신규정"의 문제들이 출제되었는데 제2장 문서관리의 내용이 1문제 출제되었고, 제3장 업무관리시스템의 내용이 1문제 출제되었다. 약술형 문제 3번은 교재 및 관련 법령에 부존재하는 문제가 출제되었다.

3. 출제문제 분석

(1) 논술 문제는 민원법령 문제가 출제되었는데 비교적 쉬운 내용으로 물음 1, 2로 나누어 출제되었다.
　① 물음 1은 제2회, 제5회, 제8회 기출된 문제의 전부나 일부가 재출제되었고 답안 분량도 많지 않은 양이었다. 2022년 7월에 시행된 민원처리에 관한 법률과 시행령의 개정내용 및 2023년 3월 개정된 시행규칙의 양이 상당히 많은 바 이 부분이 제11회 시험에 출제되지 않아 금회 출제되지 않을까 예상했으나 예상 외로 개정 내용은 출제되지 않아 제13회를 준비하는 수험자들에겐 개정 내용의 중요성이 대두되었다.
　② 물음 2는 제6회 출제된 기출문제가 재출제된 바 「민원처리에 관한 법률」 제21조 제1호 내지 제9호 규정의 문제인데 제6회 시험 당시에는 "민원처리에 관한 법률상 민원처리의 예외로서 접수된 민원을 처리하지 아니할 수 있는 민원사항 5가지만 기술하시오.(10점)"이라는 지문으로 출제되었으나 금회에는 법 규정을 모두 기재하는 문제로 출제가 되었다.
(2) 약술형 2번은 "행정업무혁신규정"상 문서관리 부분에서 출제된 문제인데 제7회, 제11회 기출문제의 일부를 혼합하여 재출제한 문제였다. 분량은 많지 않은 양으로 기출문제의 중요성을 다시금 일깨우는 문제라 할 수 있겠다.
(3) 약술형 3번의 전혀 예상하지 못한 문제가 출제되었는데 기본교재나 시험과목인 법령 "행정업무혁신규정"과 "민원처리법령" 어디에도 없는 문제가 출제되었는데 많은 수험자들이 당황한 문제로 금회 시험의 불의타 문제가 되었다. 다수의 수험자들이 답안을 작성하기 어려운 문제가 되어 합격인원 조절을 위한 불의타 문제로 출제가 된 것으로 보인다. 그러나 모든 수험자들이 공히 어려움을 겪는 문제일 것이므로 이 문제는 다수의 많은 수험자들이 좋은 점수를 받기는 어려울 것으로 수험자 누구나 같은 조건이라고 보면 될 것이다.
(4) 약술형 4번은 "업무관리시스템"부분에서 출제되었는데 출제가 예상되던 문제였다. 업무관리시스템과 관련된 문제가 2015년 제3회 시험에 출제된 후 출제가 되지 않다가 금회 출제가 된 것으로 법령내용과 이론적인 내용의 혼합문제가 출제되었고 큰 어려움 없이 답안을 작성할 수 있었을 것이다.

4. 수험전략

(1) 향후 제13회 행정사 시험을 대비하기 위한 학습전략은 변함없이 기본서를 통한 이론의 정확한 숙지가 선행되어야 할 것이고, 기출문제도 빠짐없이 숙지하는 것이 필요하며, 평소 기본서의 중요성을 인식하여 수 회에 걸친 정, 다독이 선행되어야 할 것이다. 이번 시험에서 출제되지 않은 "행정업무혁신규정"과 "민원법령"의 개정내용들이 많이 있으므로 이 부분의 정확한 숙지도 중요하다.

(2) 그리고 총 4문제 중 1문제는 불의타 성격을 가지는 문제가 출제되므로 이 문제를 해결하기 위한 방안이 필요할 것이다. 수험자의 학습에 대한 부담이 커지게 되었는데 모르는 내용이라도 소설을 작성하듯이 일정 분량을 채울 수 있는 전략이 필요하게 되었다.

구분	행정업무 혁신 규정	민원처리에 관한 법령
제1회	• 검토와 결재(40점) • 관인종류와 폐기(20점) • 협업시스템·통합전자민원창구(20점)	• 복합민원 처리방식(20점)
제2회	• 서식의 승인신청(20점) • 문서의 성립시기와 효력발생(20점) • 정책실명제(20점)	• 거부처분 이의신청(40점)
제3회	• 업무협조, 융합행정의 개념 등(20점) • 업무관리시스템(20점) • 관인의 등록·재등록(20점)	• 민원신청과 접수절차(40점)
제4회	• 업무·운영의 개념과 요소(20점) • 행정협업의 과제등록(20점)	• 사전심사청구(40점) • 민원처리원칙과 정보보호(20점)
제5회	• 서식의 개념, 설계의 일반원칙(20점) • 행정협업시스템 및 협업조직(20점)	• 일반민원의 종류 및 처리기간, 민원처리기간의 계산(40점)
제6회	• 공문서 관리(결재받은 문서의 수정)(20점) • 정책연구과제 선정(20점) • 영상회의실의 운영(20점)	• 반복·중복 민원의 처리, 민원처리의 예외(40점)
제7회	• 용어의 개념(20점) • 문서작성 시 용어 표기의 기준(20점) • 정책실명제 개념 및 중점관리 대상사업선정 및 주요정책관련기록·관리해야 할 종합적인 사항(20점)	• 민원신청 시 '신청서 및 구비서류'의 원칙과 행정기관의 불필요한 서류요구 금지사항(20점) • 민원문서의 이송절차 및 방법(20점)
제8회	• 문서의 효력발생 입법주의(20점), 문서의 효력발생시기(20점) • 지식행정개념 및 추진배경과 온—나라 지식시스템(20점) • 업무편람의 개념과 종류 등(20점)	• 고충민원처리 절차(20점)
제9회	• 문서 시행 시 관인 또는 서명의 표시 및 생략방법(20점) • 영상회의실을 설치·운영할 수 있는 회의의 유형, 정부청사관리소장의 조치 사항과 해당 시설의 사용 신청(20점) • 행정업무 인계·인수의 절차 및 인계·인수서의 작성 내용(20점)	• 법정민원, 민원 1회방문 처리제, 민원후견인, 민원조정위원회(20점) • 민원심사관의 목적과 업무, 민원실무심의회의 목적과 운영방식(20점)
제10회	• 업무의 분장, 업무개선 및 행정효율성 진단(20점) • 공문서, 전자문자서명, 전자문서시스템, 정책실명제의 개념(20점)	• 다수인관련민원의 개념 및 처리(20점) • 민원처리결과의 통지 및 통지방법(20점) • 무인민원발급창구를 이용한 민원문서의 발급(10점) • 전자증명서의 발급과 전자문서출력사용(10점)
제11회	• 문서의 반송, 이송에 관한 설명(20점) • 서식의 제정방법, 설계일반원칙, 날짜 및 시·분의 표기방법, 용지의 규격(20점) • 공문서의 종류, 문서처리 기본원칙, 문서의 성립 및 효력발생조건(20점)	• 민원인이 범위가 아닌 자(20점) • 행정기관의 종류(20점)
제12회	• 문서의 작성과 문서처리원칙(20점) • 사무개선의 개념, 사무개선을 위한 집단적 아이디어 발상법(20점) • 업무관리시스템의 구축·운영 주체 및 기대효과(20점)	• 법정민원, 고충민원의 개념 거부처분에 대한 이의신청 절차(20점) • 행정기관의 장이 접수한 민원을 처리하지 않을 수 있는 사항(20점)

PART 02 **민원처리에 관한 법령**

행정사
이상기 사무관리론

01 행정기관 업무의 개념, 운영의 개념, 운영의 요소에 관하여 각각 설명하시오. (20점) 2016 기출

1. 업무의 개념

업무란 사무실 작업과 행정목적을 달성하기 위한 정보의 수집·가공·저장·활용 등 정보처리과정 및 행정업무의 국민에 대한 성과를 강조함에 따라 국민과의 접점에서 이루어지는 일련의 행정과정까지 포괄하는 개념이다.

2. 운영의 개념

운영이란 조직의 자원을 활용하여 조직 내부의 생산목표를 관리하는 고전적 개념과 국민의 만족도를 증가시키는 정책의 품질관리 및 성과관리를 포함하는 총체적인 관리활동을 의미한다.

3. 운영의 요소

(1) 다른 사람들을 통한 업무수행

운영은 임무 성취를 위해 다른 사람 및 조직을 동원하고 이끌어 간다.

(2) 조직목표의 설정과 성취

운영의 주된 임무는 조직목표를 설정하고 이를 성취하는 것이다.

(3) 대상영역·활동국면

운영의 대상영역은 조직 전반에 걸친다. 조직의 성립, 생존, 발전에 관련된 여러 국면들이 모두 운영의 대상이 된다.

(4) 복합적 과정

운영은 여러 가지 과정들을 내포하는 복합적인 과정이다. 이는 의사전달, 의사결정, 통제, 계획, 조정 등 다양한 과정들을 통해서 이루어진다.

(5) 개방체제적 교호작용

운영은 조직 내외의 제 관계와 역동적 교호작용을 한다. 즉, 행정환경과 조직 내의 하위체제들이 엮어내는 상황에서 작동하는 과정이다.

02 행정업무의 효율적 운영의 개념과 이를 위한 관리활동에 대하여 약술하시오.
(20점)

1. 행정업무의 효율적 운영의 개념

행정업무의 효율적 운영은 조직의 최종 목적을 달성하기 위하여 업무 전반을 효율적으로 개선하고 비용을 최소화하기 위한 각종 관리활동이라 할 수 있다.

2. 행정업무의 효율적 운영을 위한 관리활동

(1) 업무의 간소화

불필요한 업무를 없애고, 최소한의 노력으로 최대한의 업무성과를 낼 수 있도록 하며 작업과정의 속도를 높일 수 있도록 보고·결재 단계의 축소, 전자결재의 활성화, 불필요한 보고서의 생산 지양 등을 추구한다.

(2) 업무의 표준화

업무 담당자가 바뀌어도 원활하게 업무를 처리하고, 일상 업무의 대응 속도를 높일 수 있게끔 업무의 인계·인수를 철저히 하며, 전자결재의 활성화, 업무의 자동화를 지향한다.

(3) 업무의 과학화

정보통신기술의 발달에 발맞춰 행정업무를 보다 정확하고 빠르게 처리할 수 있도록 전자결재 시스템, 지식행정 시스템, 협업 시스템 등을 통하여 행정지식을 공유하고 활용하여 정부 내 의사소통을 증진한다.

(4) 업무의 정보화

전산화·정보화를 통하여 행정업무의 처리방식을 혁신함으로써 행정기관 내부적으로 행정의 효율화·간소화를 추진하면서, 대외적으로는 고도화되는 국민의 행정서비스 욕구를 충족시켜줄 수 있는 첨단정보통신기술의 도입·활용을 추구한다.

> **03** 「행정업무의 운영 및 혁신에 관한 규정」의 목적 및 용어의 정의 중 전자
> 문서, 개방형문서형식, 처리과, 전자문자서명, 행정전자서명, 업무관리
> 시스템, 정보통신망에 대하여 약술하시오. (20점)

1. 목적

「행정업무의 운영 및 혁신에 관한 규정」은 행정기관의 행정업무 운영에 관한 사항을 규정함으로써 행정업무의 간소화·표준화·과학화 및 정보화를 도모하고 행정업무 혁신을 통하여 행정의 효율을 높이는 것을 목적으로 한다.

2. 용어의 정의

(1) 전자문서

'전자문서'란 컴퓨터 등 정보처리능력을 가진 장치에 의하여 전자적인 형태로 작성되거나 송신·수신 또는 저장된 문서를 말한다.

(2) 개방형 문서 형식

'개방형 문서 형식'이란 다음 각 목의 요건을 모두 갖춘 전자문서 형식을 말한다.

① 기술의 표준과 규격이 공개되어 있을 것

② 「공공데이터의 제공 및 이용 활성화에 관한 법률」 제2조 제3호에 따른 기계 판독이 가능한 형태일 것

(3) 처리과

'처리과'란 업무 처리를 주관하는 과·담당관 등을 말한다.

(4) 전자문자서명

'전자문자서명'이란 기안자·검토자·협조자·결재권자 또는 발신명의인이 전자문서상에 자동 생성된 자기의 성명을 전자적인 문자 형태로 표시하는 것을 말한다.

(5) 행정전자서명

'행정전자서명'이란 기안자·검토자·협조자·결재권자 또는 발신명의인의 신원과 전자문서의 변경 여부를 확인할 수 있도록 그 전자문서에 첨부되거나 결합된 전자적 형태의 정보로서 「전자정부법 시행령」에 따른 인증기관으로부터 인증을 받은 것을 말한다.

⑹ 업무관리시스템

'업무관리시스템'이란 행정기관이 업무처리의 모든 과정을 영 제22조 제1항에 따른 과제관리카드 및 문서관리카드 등을 이용하여 전자적으로 관리하는 시스템을 말한다.

⑺ 정보통신망

'정보통신망'이란 「전기통신사업법」에 따른 전기통신설비를 활용하거나 전기통신설비와 컴퓨터 및 컴퓨터의 이용기술을 활용하여 정보를 수집·가공·저장·검색·송신 또는 수신하는 정보통신체제를 말한다.

> **04** 「행정업무의 운영 및 혁신에 관한 규정」의 목적 및 용어의 정의 중 공문서, 문서과, 서명, 전자문자서명, 전자이미지관인, 전자문서시스템, 행정정보시스템, 정책실명제에 대하여 약술하시오. (20점) ^{2019, 2022 기출}

1. 공문서 ^{2022 기출}

'공문서'란 행정기관에서 공무상 작성하거나 시행하는 문서(도면·사진·디스크·테이프·필름·슬라이드·전자문서 등의 특수매체기록을 포함한다. 이하 같다)와 행정기관이 접수한 모든 문서를 말한다.

2. 문서과 ^{2019 기출}

'문서과'란 행정기관 내의 공문서를 분류·배부·보존하는 업무를 수행하거나 수신·발신하는 업무를 지원하는 등 문서에 관한 업무를 주관하는 과(課)·담당관 등을 말한다.

3. 서명 ^{2019 기출}

'서명'이란 기안자·검토자·협조자·결재권자 또는 발신명의인이 공문서(전자문서는 제외)에 자필로 자기의 성명을 다른 사람이 알아볼 수 있도록 한글로 표시하는 것을 말한다.

4. 전자문자서명 ^{2022 기출}

'전자문자서명'이란 기안자·검토자·협조자·결재권자 또는 발신명의인이 전자문서상에 자동 생성된 자기의 성명을 전자적인 문자 형태로 표시하는 것을 말한다.

5. 전자이미지관인 ^{2019 기출}

'전자이미지관인'이란 관인의 인영을 컴퓨터 등 정보처리능력을 가진 장치에 전자적인 이미지 형태로 입력하여 사용하는 관인을 말한다.

6. 전자문서시스템 ^{2022 기출}

'전자문서시스템'이란 문서의 기안·검토·협조·결재·등록·시행·분류·편철·보관·보존·이관·접수·배부·공람·검색·활용 등 모든 처리절차가 전자적으로 처리되는 시스템을 말한다.

7. 행정정보시스템 ^{2019 기출}

'행정정보시스템'이란 행정기관이 행정정보를 생산·수집·가공·저장·검색·제공·송신·수신하고 활용할 수 있도록 하드웨어·소프트웨어·데이터베이스 등을 통합한 시스템을 말한다.

8. 정책실명제 ^{2022 기출}

'정책실명제'란 정책의 투명성과 책임성을 높이기 위하여 행정기관에서 소관 업무와 관련하여 수립·시행하는 주요 정책의 결정 및 집행 과정에 참여하는 관련자의 실명과 의견을 기록·관리하는 제도를 말한다.

02 공문서 관리

문1 공문서의 개념 약술

1. 행정상 공문서의 개념

(1) 행정업무규정 제3조 공문서

　① 공문서(제1호)

　② 전자문서(제2호)

(2) 민원처리법 시행령 제30조 제1항 공문서

2. 법률상 공문서

문2 문서의 종류

1. 작성 주체
(1) 공문서

(2) 사문서

2. 유통대상
(1) 비유통(내부결재)

(2) 유통

3. 문서의 성질에 의한 구분(영 제4조)

문3 문서의 필요성과 기능 약술

1. 문서의 필요성

2. 문서의 기능
(1) 의사의 기능

① 기록, 구체화

② 전달

③ 보존

(2) 자료 제공 기능

(3) 업무의 연결 · 조정 기능

문4 규정 제4조 공문서(문서의 성질)

1. 법규문서

2. 지시문서

(1) 훈령

(2) 지시

(3) 예규

(4) 일일명령

3. 공고문서

(1) 고시

(2) 공고

4. 비치문서

5. 민원문서

6. 일반문서
(1) 위 문서 외 모든 문서
(2) 회보, 보고서

문5 **문서의 성립요건, 시기, 효력발생 약술**

1. 성립요건

2. 성립시기

3. 효력발생
(1) 입법주의

⑵ 효력발생시기

　① 원칙

　② 공고문서

> **문6** 문서의 일련번호 구분, 법규문서 등 번호 부여 약술

1. 문서의 일련번호
⑴ 누년 일련번호

⑵ 연도표시 일련번호

⑶ 연도별 일련번호

2. 법규문서 등의 번호 부여 방법
⑴ 법규문서, 훈령, 예규

⑵ 지시, 공고, 고시

⑶ 일일명령, 회보

⑷ 민원문서

⑸ 일반문서

문7 일반기안문 기준, 문서의 구성 체계 약술

1. 두문

2. 본문

3. 결문
발신명의, 기안자, 검토자, 협조자, 결재권자, 생산등록번호(시행일), 접수등록번호(접수일), 우편번호, 도로명주소, 홈페이지 주소 등

문8 기안문 작성 전 고려사항 약술

1. 기안의 개념 등
(1) 기안의 의의

(2) 기안의 요인

(3) 기안자 및 원칙

2. 기안문 작성 전 고려사항
(1) 목적 · 필요성 · 문제 파악, 규정 · 선례 숙지
(2) 수집 · 분석, 의견 청취
(3) 복잡한 기안의 경우 초안 작성
(4) 책임의식

01

문9 기안문 작성 시 유의사항 약술

1. 정확성

2. 용이성

3. 성실성

4. 경제성

문10 일반기안, 일괄기안 약술

1. 일반기안
(1) 개념

(2) 일반기안문

2. 일괄기안

(1) 개념

(2) 작성 · 시행방법

① 각각 기안문
② 제1안 등 용어 미표시
③ 내부결재 문서 생략 가능
④ 발신명의 표시
⑤ 각각 다른 생산등록번호, 동일 시행

문11 공동기안 및 수신한 종이문서의 수정과 서식에 의한 처리 약술

1. 공동기안

(1) 개념

(2) 작성 및 시행방법

① 관계기관 사전협의, 주관기관 기안, 결재 후 관계기관장 결재
② 주관기관 등록
③ 발신명의 모두 표시(부, 처, 청)
④ 주관기관장 명의 관인날인

2. 수신한 종이문서의 수정

3. 서식에 의한 처리

문12 검토·협조의 개념 및 검토사항 약술

1. 검토의 개념

2. 협조의 개념

3. 검토사항
(1) 형식적

(2) 내용적

① 법률적

② 행정적

③ 경제적

문13 결재의 개념, 종류, 효과, 전·대결 표시방법 약술

1. 결재의 개념

2. 결재의 종류
(1) 결재

(2) 전결

(3) 대결

3. 전·대결 표시방법
(1) 전결 표시방법

(2) 대결 표시방법

문14 문서의 등록 약술

1. 대상기관
(1) 국가, 지자체
(2) 공공기관 운영법 제4조 기관
(3) 지방공사, 공단
(4) 지자체 조례로 정하는 기관
(5) 특별법상 법인
(6) 각급 학교

2. 대상문서

3. 등록항목

01

4. 등록방법

(1) 기록물의 등록

(2) 법규문서 등의 번호

(3) 문서등록번호

(4) 내부결재문서

(5) 첨부물 등록

문15 **문서의 시행 개념 및 방법 약술**

1. 시행의 개념

2. 시행절차

3. 시행방법

(1) 시행문 작성

① 일반사항

㉠ 종이문서

㉡ 전자문서

② 수신자가 여럿인 경우

③ 시행문 준용

(2) 관인날인 또는 서명
① 행정기관의 장 명의 발신문서

② 합의제 기관 명의 발신문서

③ 보조기관 또는 보좌기관 명의 발신문서

(3) 관인 또는 서명 생략
① 생략 미표시

② 생략 표시 대상문서

③ 표시위치

　　㉠ 관인 생략 표시

　　㉡ 서명 생략 표시

(4) 문서의 발신

문16 문서의 발신방법 약술

1. 발신명의

2. 발신 원칙

3. 재발신

4. 발신방법
⑴ 일반사항

⑵ 홈페이지, 전자우편

⑶ 문서의 게시

⑷ 관보게재

5. 문서 보안 유지
위·변조 방지 조치

문17 문서의 접수방법 및 절차 약술

1. 문서의 접수부서
(1) 처리과

(2) 문서과

2. 둘 이상 보조(보좌)기관 관련문서

3. 당직근무자가 받은 문서

4. 감열기록방식 문서접수

5. 행정기관 이외 자 접수

문18 **문서의 반송, 이송, 재배부 약술**

1. 반송

2. 이송(지체 없이)
(1) 기관 간 이송
(2) 보조(보좌)기관 간 이송

3. 재배부
(1) 처리과 접수문서

(2) 문서과

문19 **공람 대상문서와 표시방법 및 결재권자의 지시 기술**

1. 문서공람의 방법

2. 공람 대상문서

3. 공람의 표시

(1) 전자문서

(2) 종이문서

4. 결재권자의 지시

05 공문서의 개념에 대하여 약술하시오. (20점)

1. 행정상 공문서

행정상 공문서라 함은 행정기관 또는 공무원이 직무상 작성하고 처리한 문서 및 행정기관이 접수한 문서를 말한다.

(1) 「행정업무의 운영 및 혁신에 관한 규정」 제3조에 따른 공문서의 개념

① '공문서'란 행정기관에서 공무상 작성하거나 시행하는 문서(도면, 사진, 디스크, 테이프, 필름, 슬라이드, 전자문서 등의 특수매체기록을 포함한다)와 행정기관이 접수한 모든 문서를 말한다.

② '전자문서'란 컴퓨터 등 정보처리능력을 가진 장치에 의하여 전자적인 형태로 작성되거나 송신·수신 또는 저장된 문서를 말한다.

(2) 「민원 처리에 관한 법률 시행령」 제30조 제1항에 따른 공문서의 개념

행정기관의 장이 ① 위조·변조 방지조치, ② 출력한 문서의 진위확인조치, ③ 그 밖에 출력한 문서의 위조·변조를 방지하기 위하여 행정안전부장관이 고시한 조치를 하여 민원인에게 전자문서로 통지하고 민원인이 그 전자문서를 출력한 경우에는 이를 「행정업무의 운영 및 혁신에 관한 규정」 제3조 제1호에 따른 공문서로 인정하고 있다.

2. 법률상 공문서

(1) 「형법」상의 공문서

「형법」에서 말하는 '공문서'라 함은 공무소 또는 공무원이 그 명의로써 권한 내에서 소정의 형식에 따라 작성한 문서를 말한다.

(2) 「민사소송법」상의 공문서

「민사소송법」은 "문서의 작성 방식과 취지에 의하여 공무원이 직무상 작성한 것으로 인정한 때에는 이를 진정한 공문서로 추정한다."라고 규정하여 증거능력을 부여하고 있다.

06 문서의 필요성과 기능에 대하여 약술하시오. (20점)

1. 문서의 필요성

일반적으로 다음과 같은 경우에 문서가 필요하게 된다.

(1) 내용이 복잡하여 문서 없이는 업무처리가 곤란할 때

(2) 업무처리에 대한 의사소통이 대화로는 불충분하여 문서가 필요한 때

(3) 행정기관의 의사표시 내용을 증거로 남겨야 할 때

(4) 업무처리의 형식상 또는 절차상 문서가 필요한 때

(5) 업무처리 결과를 보존할 필요가 있을 때

2. 문서의 기능

(1) 의사의 기능

① 의사의 기록·구체화

문서는 사람의 의사를 구체적으로 표현하는 기능을 갖는다. 이 기능은 문서의 기안에서부터 결재까지 문서가 성립하는 과정에서 나타나는 것이다.

② 의사의 전달

문서는 자기의 의사를 타인에게 전달하는 기능을 갖는다. 이것은 의사를 공간적으로 확산하는 기능으로서 문서의 발송·도달 등 유통과정에서 나타난다.

③ 의사의 보존

문서는 의사를 오랫동안 보존하는 기능을 갖는다. 문서로써 전달된 의사는 지속적으로 보존할 수 있고 역사자료로서 가치를 갖기도 한다. 이는 의사표시를 시간적으로 확산시키는 역할을 한다.

(2) 자료 제공

보관·보존된 문서는 필요한 경우 언제든 참고자료 내지 증거자료로 제공되어 행정활동을 지원·촉진한다.

(3) 업무의 연결·조정

문서의 기안·결재 및 협조과정 등을 통해 조직 내외의 업무처리 및 정보순환이 이루어져 업무의 연결·조정 기능을 수행하게 된다.

07 공문서와 사문서 그리고 내부결재문서와 발신문서에 대하여 약술하시오.
(20점)

1. 작성 주체에 의한 구분에 따른 공·사문서

(1) 공문서

행정기관 또는 공무원이 그 직무상 작성 또는 시행하는 문서(도면, 사진, 디스크, 테이프, 필름, 슬라이드, 전자문서 등의 특수매체기록을 포함한다)와 행정기관이 접수한 모든 문서를 말한다.

(2) 사문서

개인이 사적(私的)인 목적을 위하여 작성한 문서를 말한다. 그러나 사문서도 각종 신청서·증명서·진정서 등과 같이 행정기관에 제출하여 접수가 된 것은 사문서가 아니고 공문서로 취급되며, 그 문서를 제출한 사람도 접수된 문서를 임의로 회수할 수는 없다.

2. 유통대상 여부에 의한 문서의 분류

(1) 내부결재문서(유통되지 않는 문서)

행정기관이 내부적으로 계획 수립, 처리방침 결정, 업무보고, 소관사항 검토 등을 하기 위하여 결재를 받는 문서를 말한다. 내부적으로 결재를 받는 문서이므로 발신하지 않는다.

(2) 유통대상 문서

① 대내문서

해당 기관 내부에서 보조기관 또는 보좌기관 상호 간 협조를 하거나 보고 또는 통지를 위하여 수신·발신하는 문서를 말한다.

② 대외문서

해당 기관 이외에 다른 행정기관(소속기관 포함)이나 국민, 단체 등에 수신·발신하는 문서를 말한다.

③ 발신자와 수신자 명의가 같은 문서

행정기관의 장 또는 합의제 행정기관이 자신의 명의로 발신하고 자신의 명의로 수신하는 문서를 말한다.

08 「행정업무의 운영 및 혁신에 관한 규정」 제4조 공문서의 종류에 대하여 약술하시오. (20점) 2023 기출

1. 법규문서

주로 법규사항을 규정하는 문서로서 헌법·법률·대통령령·총리령·부령·조례 및 규칙 등에 관한 문서를 말한다.

2. 지시문서

훈령·지시·예규·일일명령 등 행정기관이 그 하급기관이나 소속 공무원에 대하여 일정한 사항을 지시하는 문서를 말한다.

(1) 훈령

상급기관이 하급기관에 대하여 장기간에 걸쳐 그 권한의 행사를 일반적으로 지시하기 위하여 발하는 명령이다.

(2) 지시

상급기관이 직권 또는 하급기관의 문의에 의하여 하급기관에 개별적·구체적으로 발하는 명령이다.

(3) 예규

행정업무의 통일을 기하기 위하여 반복적인 행정업무의 처리기준을 제시하는 문서로서 법규문서를 제외한 문서이다.

(4) 일일명령

당직·출장·시간 외 근무·휴가 등 일일업무에 관한 명령이다.

3. 공고문서

고시·공고 등 행정기관이 일정한 사항을 일반에게 알리기 위한 문서를 말한다.

(1) 고시

법령이 정하는 바에 따라 일정한 사항을 일반에게 알리는 문서로서 개정·폐지되지 않는 한 지속적인 효력을 유지한다.

(2) 공고

일정한 사항을 일반에게 알리는 문서로서 단기적이거나 일시적인 효력을 갖는다.

4. 비치문서

행정기관이 일정한 사항을 기록하여 행정기관 내부에 비치하면서 업무에 활용하는 문서로서 비치대장·비치카드 등을 말한다.

5. 민원문서

민원인이 행정기관에 허가·인가·그 밖의 처분 등 특정한 행위를 요구하는 문서와 그에 대한 처리문서를 말한다.

6. 일반문서

위 각 문서에 속하지 아니하는 모든 문서를 말한다. 다만, 일반문서 중 특수한 것으로서 회보와 보고서가 있다.

09 「행정업무의 운영 및 혁신에 관한 규정」 제4조 규정에 의한 공문서의 작성형식과 규칙 제8조 규정에 의한 문서의 번호 부여 방법에 대하여 약술하시오. (20점)

1. 문서의 일련번호 구분

⑴ 누년 일련번호

연도 구분과 관계없이 누년 연속되는 일련번호

⑵ 연도별 일련번호

연도별로 구분하여 매년 새로 시작되는 일련번호로서 연도표시가 없는 번호

⑶ 연도표시 일련번호

연도표시와 연도별 일련번호를 붙임표(−)로 이은 번호

2. 작성 형식 및 번호 부여 방법

⑴ 법규문서

조문 형식, 누년 일련번호 사용

⑵ 지시문서

① 훈령, 예규

조문 또는 시행문 형식, 누년 일련번호 사용

② 지시

시행문 형식, 연도표시 일련번호 사용

③ 일일명령

시행문 또는 회보 형식, 연도별 일련번호 사용

⑶ 공고문서(고시, 공고)

연도표시 일련번호 사용

10 문서의 성립요건과 성립시기 및 문서의 효력발생시기에 관하여 약술하시오.
(20점) 2014, 2019, 2020, 2023 기출

1. 공문서의 개념

'공문서'란 행정기관에서 공무상 작성하거나 시행하는 문서(와 행정기관이 접수한 모든 문서)를 말한다.

2. 문서의 성립요건

(1) 행정기관의 적법한 권한 범위 내에서 작성되어야 한다.

(2) 행정기관의 의사표시가 명확하게 표현되어야 한다.

(3) 위법·부당하거나 시행 불가능한 내용이 아니어야 한다.

(4) 법령에 규정된 절차 및 형식을 갖추어야 한다.

3. 문서의 성립시기

문서는 결재권자가 해당 문서에 서명(전자이미지서명·전자문자서명·행정전자명을 포함한다)의 방식으로 결재함으로써 성립한다.

4. 문서의 효력발생시기

(1) 일반 원칙

「행정업무의 운영 및 혁신에 관한 규정」은 문서가 수신자에게 도달(전자문서의 경우에는 수신자가 관리하거나 지정한 전자적 시스템 등에 입력되는 것)됨으로써 그 효력이 발생된다고 규정하고 있어 도달주의를 원칙으로 하고 있다.

(2) 공고문서의 효력발생

공고문서는 그 문서상에 효력발생시기를 명시하고 있지 않으면 그 고시 또는 공고 등이 있은 날부터 5일이 경과한 때에 효력이 발생한다.

(3) 「행정절차법」의 경우 다른 법령 등에 특별한 규정이 없으면 공고일부터 14일이 지난 때에 그 효력이 발생한다고 규정하고 있다.

11 문서의 효력발생시기에 대한 입법주의에 관하여 설명하시오. (20점)

2020 기출

1. 문서의 개념

문서란 일반적으로 사람의 의사나 사물의 형태·관계 등을 문자·기호·숫자 등을 활용하여 종이 등 매체에 기록·표기한 것을 말하며, 법률적·행정적인 의미이다.

2. 문서의 효력발생에 대한 입법주의

(1) 표백주의(表白主義)

문서가 성립한 때, 즉 결재로써 문서의 작성이 끝난 때에 효력이 발생한다는 견해이다. 이는 내부 결재문서와 같이 상대방이 없는 문서의 경우에는 합당하다.

(2) 발신주의(發信主義)

성립한 문서가 상대방에게 발신된 때 효력이 발생한다는 견해이다. 이는 신속한 거래에 적합하며, 특히 다수의 자에게 동일한 통지를 해야 할 경우에 획일적으로 효력을 발생하게 할 수 있다는 장점이 있다.

(3) 도달주의(到達主義)

문서가 상대방에게 도달해야 효력이 생긴다는 견해이며 수신주의(受信主義)라고도 한다. 여기서 '도달'이란 문서가 상대방의 지배범위 내에 들어가 사회통념상 그 문서의 내용을 알 수 있는 상태가 되었다고 인정되는 것을 의미한다. 이는 쌍방의 이익을 가장 잘 조화시키는 견해라고 볼 수 있다. 「민법」상의 의사표시와 「행정업무의 운영 및 혁신에 관한 규정」상의 문서의 효력발생시기는 도달주의를 원칙으로 하고 있다.

(4) 요지주의(了知主義)

상대방이 문서의 내용을 안 때에 효력이 발생한다는 견해이다. 이는 상대방의 부주의나 고의 등으로 인한 부지(不知)의 경우 발신자가 불이익을 감수해야 하는 폐단이 발생하고, 지나치게 상대방의 입장에 치우친 것으로 타당한 견해라고 보기 어렵다.

12 문서작성방법과 관련하여 문서작성의 일반원칙에 대하여 약술하시오. (20점) 2019, 2023, 2024 기출

1. 문서의 전자적 처리

(1) 문서의 시스템상 처리

행정기관의 장(법령에 따라 행정권한을 위임받거나 위탁받은 자를 포함한다. 이하 같다)은 문서의 기안·검토·협조·결재·등록·시행·분류·편철·보관·보존·이관·접수·배부·공람·검색·활용 등 처리절차를 전자문서시스템 또는 업무관리시스템상에서 전자적으로 처리하도록 하여야 한다.

(2) 전자문서 처리

행정기관의 장은 국민생활의 편의를 제고하고 전자문서를 체계적으로 관리·활용하기 위하여 다음 각 호의 기준에 따라 문서를 처리하도록 노력해야 한다.

① 개방형 문서 형식으로 문서 요지와 키워드를 포함하여 작성할 것
② 국민에게 문서를 다양한 형식으로 제공할 것
③ 국민이 다양한 장치에서 문서에 접근할 수 있도록 할 것

2. 이해하기 쉽게 작성

문서는 어문규범을 준수하여 한글로 작성하되, 특별한 사유가 없으면 이해하기 쉬운 용어를 사용하여야 한다.

(1) 어문규범의 준수

문서는 「국어기본법」 제3조 제3호에 따른 어문규범에 맞게 한글로 작성하되, 뜻을 정확하게 전달하기 위하여 필요한 경우에는 괄호 안에 한자나 그 밖의 외국어를 함께 적을 수 있으며, 특별한 사유가 없으면 가로로 쓴다.

(2) 국민이 이해하기 쉬운 용어 사용

문서의 내용은 간결하고 명확하게 표현하고, 일반화되지 않은 약어와 전문용어 등의 사용을 피하여 이해하기 쉽게 작성하여야 한다. 특히 국립국어원 등에서 선정한 행정용어 순화어를 활용하여 쉬운 우리말을 사용할 수 있도록 노력하여야 한다.

13 문서의 작성기준과 관련하여 문서의 쪽 번호의 표시 방법에 대하여 약술하시오. (20점)

1. 쪽 번호 등의 개념

2장 이상으로 이루어진 중요 문서의 앞장과 뒷장의 순서를 명백히 하기 위하여 매기는 번호를 말한다.

2. 쪽 번호 등의 표시 대상문서

(1) 문서의 순서 또는 연결관계를 명백히 할 필요가 있는 문서

(2) 사실관계나 법률관계의 증명에 관계되는 문서

(3) 허가, 인가 및 등록 등에 관계되는 문서

3. 표시 방법

(1) **전자문서 − 쪽 번호 또는 발급번호 표시**

① 쪽 번호

각종 증명 발급 문서 외의 문서에 표시

㉠ 중앙 하단에 쪽 번호를 표시하되, 문서의 순서 또는 연결관계를 명백히 할 필요가 있는 중요한 문서에는 해당 문서의 전체 쪽수와 그 쪽의 일련번호를 붙임표(−)로 이어 표시한다.

㉡ 양면을 사용한 경우에는 양면 모두 순서대로 쪽수를 부여한다.

② 발급번호

각종 증명 발급 문서의 왼쪽 하단에 표시

(2) **종이문서 − 관인으로 간인 또는 천공(穿孔)**

① 간인

관인 관리자가 관인으로 간인하되, 시행문은 간인하기 전의 기안문을 복사하여 간인한다.

② 천공(穿孔, 구멍뚫기)

민원서류나 그 밖에 필요하다고 인정하는 종이문서에는 간인을 갈음하여 천공한다.

14 문서의 작성기준과 관련하여 숫자, 날짜, 시간, 금액의 표시방법, 바코드 등 표시 및 용지의 규격에 대하여 약술하시오. (20점) 2019, 2023 기출

1. 숫자

특별한 사유가 없으면 아라비아 숫자로 쓴다.

2. 날짜

숫자로 표기하되, 연·월·일의 글자는 생략하고 그 자리에 마침표를 찍어 표시한다.

3. 시간

시·분은 24시각제에 따라 숫자로 표기하되, 시·분의 글자는 생략하고 그 사이에 쌍점(:)을 찍어 구분한다.

4. 금액

문서에 금액을 표시할 때에는 아라비아 숫자로 쓰되, 숫자 다음에 괄호를 하고 한글로 적어야 한다.

5. 바코드 등 표시

문서에는 시각장애인 등의 편의 도모를 위해 음성정보 또는 영상정보 등이 수록되거나 연계한 바코드 등을 표기할 수 있다.

6. 용지의 규격

⑴ 규격 표준화의 필요성

용지의 규격 표준화는 문서, 서식 등에 사용되는 용지의 크기를 통일하는 것을 말한다. 규격을 표준화함으로써 문서의 작성·처리·편철·보관·보존 등만 아니라 프린터, 복사기, 팩스 등 각종 사무자동화기기의 활용을 용이하게 할 수 있다.

⑵ 용지의 기본 규격

문서의 작성에 사용하는 용지는 가로 210mm, 세로 297mm(A4용지)의 직사각형으로 한다. A4용지는 국제적으로 널리 통용되고 있을 뿐만 아니라 국내의 대다수 조직체에서 문서의 기본 규격으로 하고 있다.

15 문서의 구성 체계(일반기안문 기준)와 문서기안의 개념과 기안문 작성 전 유의사항에 대하여 약술하시오. (20점)

1. 문서의 구성 체계

일반적으로 사용하는 기안문·시행문은 두문, 본문, 결문으로 구성한다.

(1) 두문은 행정기관명과 수신, (경유)로 구성된다.

(2) 본문은 제목, 내용, 붙임으로 구성된다.

(3) 결문은 발신명의, 기안자·검토자·협조자·결재권자의 직위 또는 직급 및 서명, 생산등록번호와 시행일, 접수등록번호와 접수일, 행정기관의 우편번호·도로명주소·홈페이지주소·전화번호·팩스번호, 공무원의 전자우편주소, 공개 구분으로 구성된다.

2. 문서의 기안

(1) 기안의 의의

① 개념

기안이란 행정기관의 의사를 결정하기 위하여 문안을 작성하는 것을 말한다.

② 기안의 요인

㉠ 상급자의 지시사항

㉡ 접수문서의 처리

㉢ 법령·훈령·예규 등의 근거

㉣ 순수한 자기발안(自己發案)

(2) 기안의 원칙

문서의 기안은 전자문서로 하는 것을 원칙으로 한다. 다만, 업무의 성질상 전자문서로 기안하기 곤란하거나 그 밖의 특별한 사정이 있으면 종이문서로 기안할 수 있다.

(3) 기안자의 자격

① 기안자의 범위에 관하여는 제한이 없다. 공무원이면 누구든지 기안자가 된다.

② 분장받은 업무에 대하여 그 업무를 담당하는 자는 직급 등에 관계없이 기안할 수 있다.

3. 기안문 작성 전 유의사항

(1) 기안자는 안건에 관련된 문제를 파악하고 관계규정 및 과거 행정선례를 숙지하고 있어야 한다.

(2) 기안하는 목적과 필요성을 파악하고 자료를 수집·분석하며 필요한 경우에는 설문조사, 실태조사, 회의 등을 통하여 의견을 청취한다.

(3) 복잡한 기안의 경우에는 초안을 작성하여 논리의 일관성을 해치는 내용이나 빠지는 사항이 없도록 검토한 다음 작성한다.

(4) 기안자는 담당 업무에 대한 책임의식을 가져야 하며 해당 기관과 수신자와의 관계 및 입장 등을 고려하여 기안하여야 한다.

16 기안문 작성 시 유의사항에 대하여 약술하시오. (20점)

1. 정확성

(1) 일반적으로 육하원칙에 따라 작성하고 오·탈자나 계수 착오가 없도록 한다.

(2) 필요한 내용을 빠뜨리지 않고, 잘못된 표현이 없도록 문서를 작성한다.

(3) 정확한 용어를 사용하고 문법에 맞게 문장을 구성한다.

(4) 애매모호하거나 과장된 표현에 의하여 사실이 왜곡되지 않도록 한다.

2. 용이성

(1) 상대방의 입장에서 이해하기 쉽게 작성한다.

(2) 문장은 가급적 짧게 끊어서 항목별로 표현한다.

(3) 복잡한 내용일 때는 먼저 결론을 내린 후 이유를 설명하는 것이 좋다.

(4) 추상적이고 일반적인 용어보다는 구체적이고 개별적인 용어를 쓴다.

(5) 읽기 쉽고 알기 쉬운 용어를 사용하고, 한자나 어려운 전문용어 또는 일반화되지 않은 약어는 사용하지 않는다. 한자나 전문용어를 쓸 필요가 있을 때에는 (   )에 한자를 쓰거나 용어의 해설을 붙인다.

3. 성실성

(1) 문서는 성의 있고 진실하게 작성한다.

(2) 상대방에게 불쾌감을 주거나 상대를 무시하는 듯한 표현은 피하고 적절한 경어를 사용한다.

(3) 감정적이고 위압적인 표현을 쓰지 않는다.

4. 경제성

(1) 일상·반복적인 업무는 표준 기안문을 활용한다.

(2) 용지의 규격·지질을 표준화한다.

(3) 서식을 통일하여 규정된 서식을 사용하는 것이 경제적이다.

(4) 한눈에 내용을 파악할 수 있고 다루기 쉽게 1건 1매주의로 하는 것이 효율적이다.

17 일반기안문의 작성방법 중 두문의 작성방법에 대하여 약술하시오. (20점)

1. 행정기관명의 표시

그 문서를 기안한 부서가 속한 행정기관 명칭을 표시하되, 다른 행정기관과 명칭이 동일한 경우에는 바로 위 상급기관 명칭을 함께 표시할 수 있다.

2. 수신자의 표시

(1) 수신자가 없는 내부결재문서

수신자가 없는 내부결재문서의 수신란에는 '내부결재'로 표시한다.

(2) 독임제기관의 장 또는 합의제기관의 장의 권한에 관한 사항

수신란에 해당 기관의 장의 직위(수신명)를 쓰고, 그 다음에 이어서 (   ) 안에 그 업무를 처리할 보조기관이나 보좌기관의 직위를 쓴다.

(3) 합의제기관의 권한에 관한 사항

수신란에 해당 기관의 명칭을 표시한다.

(4) 수신자가 다수인 경우

두문의 수신란에 '수신자 참조'라고 쓰고, 결문의 발신명의 다음 줄의 왼쪽 기본선에 맞추어 수신자란을 따로 설치하여 수신자명을 표시한다.

3. 경유의 표시

(1) 경유기관이 없는 경우

아무것도 적지 않고 빈칸으로 둔다.

(2) 경유기관이 하나인 경우

(경유)란에 "이 문서의 경유기관의 장은 ○○○이고 최종 수신기관의 장은 ○○○입니다."로 표시한다.

(3) 경유기관이 둘 이상인 경우

(경유)란에 "이 문서의 제1차 경유기관의 장은 ○○○이고, 제2차 경유기관의 장은 ○○○, ……, 최종 수신기관의 장은 ○○○입니다."로 표시한다.

18 일반기안문의 작성방법 중 본문의 작성방법에 대하여 약술하시오. (10점)

1. 제목

그 문서의 내용을 쉽게 알 수 있도록 간단하고 명확하게 기재한다.

2. 첨부물의 표시

문서에 서식·유가증권·참고서류, 그 밖의 문서나 물품이 첨부되는 때에는 본문이 끝난 줄 다음에 '붙임'의 표시를 하고 첨부물의 명칭과 수량을 쓰되, 첨부물이 두 가지 이상인 때에는 항목을 구분하여 표시한다.

3. 문서의 '끝' 표시

(1) 본문 내용의 마지막 글자에서 한 글자(2타) 띄우고 '끝' 표시를 한다.

(2) 첨부물이 있으면 붙임 표시문 다음에 한 글자(2타) 띄우고 표시한다.

(3) 본문의 내용이나 붙임에 적은 사항이 오른쪽 한계선에 닿은 경우에는 다음 줄의 왼쪽 기본선에서 한 글자(2타) 띄우고 '끝' 표시를 한다.

4. 본문이 표로 끝나는 경우 '끝' 표시

(1) **표의 마지막 칸까지 작성되는 경우**

표 아래 왼쪽 기본선에서 한 글자(2타)를 띄우고 '끝' 표시를 한다.

(2) **표의 중간에서 기재사항이 끝나는 경우**

'끝' 표시를 하지 않고 마지막으로 작성된 칸의 다음 칸에 '이하 빈칸'으로 표시한다.

19 일반기안문의 작성방법 중 결문의 작성방법에 대하여 약술하시오. (20점)

1. 발신명의의 표시

(1) 행정기관의 장 권한

해당 행정기관의 장의 명의로 발신한다.

(2) 합의제기관의 권한에 속하는 문서

그 합의제기관의 명의로 발신한다.

(3) 권한 위임·위탁

법령에 의하여 행정권한이 위임·위탁된 경우에는 그 위임 또는 위탁을 받은 자의 명의로 발신한다.

(4) 보조기관 및 보좌기관 상호 간 발신 문서

해당 보조기관 또는 보좌기관 명의로 발신한다.

(5) 발신할 필요가 없는 내부결재문서

발신명의를 표시하지 아니한다.

2. 기안자, 검토자, 협조자, 결재권자의 직위 또는 직급과 서명

(1) 기안자는 기안문의 기안자란에, 검토 또는 협조자는 검토자 또는 협조자란에, 결재권자는 결재자란에 직위 또는 직급을 쓰고 서명란에 서명한다. 이 경우 기안자 및 검토자 및 결재권자의 용어는 표시하지 않는다.

(2) 직위가 있으면 그 직위를 온전하게 쓰되, 기관장과 부기관장의 직위는 간략하게 쓸 수 있다.

(3) 직위가 없으면 직급을 온전하게 쓰되, 6급 이하 공무원의 직급은 각급 행정기관이 직급을 대신하여 대외적으로 사용하도록 정한 대외직명을 적을 수도 있다.

3. 생산등록번호(시행일) 및 접수등록번호(접수일)

(1) 「공공기록물 관리에 관한 법률 시행령」 제20조에 따른 생산등록번호 또는 접수등록번호를 업무관리시스템이나 전자문서시스템에 의하여 전자적으로 표시한다.

(2) 문서에 생산 또는 접수등록번호를 표시하는 때에는 처리과명과 연도별 일련번호를 붙임표(−)로 이어 쓰되, 처리과가 없는 행정기관의 경우에는 처리과명을 대신하여 행정기관명 또는 10자 이내의 행정기관명 약칭을 쓴다.

4. 우편번호, 도로명주소, 공개 구분

(1) 우편번호, 도로명주소

우편번호를 기재한 다음, 행정기관이 위치한 도로명 및 건물번호 등을 기재하고 괄호 안에 건물명칭과 사무실이 위치한 층수와 호수를 기재한다.

(2) 공무원의 전자우편주소

행정기관이 공무원에게 부여한 전자우편주소를 쓴다.

(3) 공개 구분

공개, 부분공개, 비공개로 구분하여 표시한다.

20 기안의 방법 중 일반기안과 일괄기안의 작성방법에 대하여 약술하시오.
(20점)

1. 일반기안

일반기안이란 가장 일반적인 형태로 어떤 하나의 안건을 처리하기 위하여 정해진 기안서식에 문안을 작성하는 것을 말한다. 기안문 서식은 일반기안문, 간이기안문의 두 가지가 있다.

(1) 일반기안문

내부결재문서·대내문서·대외문서 등 모든 문서에 사용하며, 종이문서와 전자문서 모두 사용한다.

(2) 간이기안문

보고서·계획서·검토서 등 내부적으로 결재하는 문서에 한하여 사용하며, 시행문으로 반환하여 사용할 수 없다.

2. 일괄기안

(1) 일괄기안의 개념

일괄기안이란 서로 관련성이 있는 2개 이상의 안건을 동시에 일괄하여 기안하는 것을 말한다.

(2) 작성 및 시행방법

① 일괄기안은 각각의 기안문에 작성한다. 이 경우 각각의 기안문에는 두문, 본문 및 결문의 구성요소가 모두 포함되어야 한다.
② 각각의 기안문에는 제1안·제2안·제3안·제4안 등의 용어를 쓰지 않는다.
③ 제목은 각 안의 내용 및 성격에 따라 다르게 설정할 수 있다.
④ 특별한 사유가 있는 경우를 제외하고는 각각 다른 생산등록번호를 사용하여 같은 날짜로 시행하여야 한다.
⑤ 발송할 것을 전제로 하는 기안문이 제1안 내부결재의 내용과 동일한 경우에는 내부결재 안건을 별도로 작성할 필요 없이 생략할 수 있다.
⑥ 대내외로 발송할 문서의 경우, 각각의 기안문에 발신명의를 모두 표시해야 한다.

21 공동기안과 수신 종이문서의 수정, 서식에 의한 처리에 대하여 약술하시오. (20점)

1. 공동기안

(1) 공동기안의 개념

공동기안이란 2 이상의 행정기관의 장의 결재를 받아 공동명의로 시행하기 위하여 문안을 작성하는 것을 말한다.

(2) 작성 및 시행방법

① 공동기안 문서는 그 문서처리를 주관하는 기관에서 기안하여 먼저 그 기관의 장의 결재를 받은 후 관계 행정기관의 장의 결재를 받는다.

② 관계기관의 장의 결재를 받는 형식

㉠ 관계기관이 2개인 경우: 결재란을 나누어 주관기관의 자체 결재절차를 마친 다음 관계기관의 장의 결재를 받는다.

㉡ 관계기관이 3개 이상인 경우: 별지에 기안용지의 결재란에 준하여 필요한 수만큼 결재란을 만들어 첨부하고 그곳에 결재를 받는다.

③ 공동기안문서는 해당 문서의 처리를 주관하는 행정기관의 문서(기록물)등록대장에 등록하고 그 등록번호를 부여하는 등 주관기관의 문서처리절차에 따른다.

(3) 공동기안문의 발신명의 표시

① 해당 문서처리를 주관하는 행정기관장의 명의를 맨 위에 표시하고, 관계 행정기관장의 명의를 그 밑에 표시한다.

② 관계 행정기관의 장이 동일 직위일 때에는 「정부조직법」에 의한 부·처·청의 순위에 따라 표시하고, 동일 직급이 아닌 때에는 상위 직급 행정기관장의 명의부터 표시한다.

2. 수신한 종이문서의 수정

수신한 종이문서를 수정하여 기안하는 경우에는 수신한 문서와 색깔이 다른 글자로 수정하는 방법으로 할 수 있다.

3. 서식에 의한 처리

생산등록번호란·접수등록번호란·수신자란 등이 설계된 서식으로 작성한 문서는 별도의 기안문을 작성하지 아니하고 해당 서식의 기안자·검토자·협조자·결재권자의 서명란에 결재를 받아야 한다. 다만, 서명란이 따로 설치되지 않은 경우에는 '간이결재인'을 찍어 이에 결재함으로써 기안에 갈음할 수 있다.

22 검토의 개념과 검토사항, 검토절차에 대하여 약술하시오. (20점) ²⁰¹³ 기출

1. 검토의 개념

검토는 보조기관 또는 보좌기관이 그 소속 공무원이 기안한 내용을 분석하고 점검하여 동의 여부를 결정하는 수직적 합의를 말한다.

2. 검토자의 검토사항

검토자는 기안 내용을 검토함에 있어서 형식적인 측면과 내용적인 측면을 함께 살펴보아야 한다. 검토사항의 예시는 아래와 같다.

(1) 형식적인 측면

① 소관사항임에 틀림이 없는가?

② 업무의 절차는 잘못이 없는가?

③ 법령의 형식요건을 구비하고 있는가?

④ 결재권자의 표시는 적정한가?

⑤ 협조부서의 합의는 거쳤는가?

⑥ 수신자 및 발신자 등의 표시는 착오가 없는가?

(2) 내용적인 측면

① 법률적 검토

㉠ 허가·인가·승인 등인 경우 그 법정요건을 충족하고 있는가?

㉡ 의결기관의 의결사항은 아닌가? 또는 의결을 거쳤는가?

㉢ 법정 경유기관은 거쳤는가?

㉣ 기한, 조건 등의 법정요건이 있다면 이에 충족하고 있는가?

㉤ 시효와의 관계는 어떠한가?

㉥ 법령·예규·지시 등에 위배되지 않는가?

② 행정적 검토

㉠ 공공복지와의 관계는 어떤가?

㉡ 재량의 범위는 적합한가?

㉢ 여론에 대한 영향은 어떤가?

㉣ 관례나 선례는 어떻게 되어 있는가?

㉤ 처리는 지연되지 아니하였는가?

㉥ 경과조치가 필요한 사항은 아닌가?

㉦ 필요한 사항이 빠져 있지 않은가?

③ 경제적 검토

　　㉠ 예산상의 조치가 필요한 것이 아닌가?

　　㉡ 과다한 경비투입을 요하는 사항이 아닌가?

　　㉢ 경비를 보다 절약할 수 있는 다른 대안은 없는가?

3. 검토절차

기안자는 기안문의 형식·내용을 최종적으로 확인한 후 기안자란에 서명하고, 결재권자의 결재를 받기 전에 하위 보조기관 또는 보좌기관에서 상위 보조기관 또는 보좌기관의 순으로 검토를 받는다.

(1) 업무분담자가 기안하는 경우

① 총괄책임자의 검토를 거친 후 보조(보좌)기관의 검토·결재를 받는다.

② 업무분담자는 기안자란에, 총괄책임자는 검토자란에 서명한다.

(2) 총괄책임자가 기안하는 경우

① 업무분담자의 의견을 들은 후 보조(보좌)기관의 검토·결재를 받는다.

② 총괄책임자는 기안자란에, 업무분담자는 협조자란에 서명한다.

(3) 총괄책임자, 업무분담자 등이 검토할 수 없는 경우

총괄책임자 또는 업무분담자, 보조(보좌)기관이 출장 등의 사유로 검토를 할 수 없는 경우 검토를 생략하되, 서명란에 출장 등 검토를 할 수 없는 사유를 적어야 한다.

23 협조의 개념과 협조절차에 대하여 약술하시오. (10점)

1. 협조의 개념

협조는 기안 내용과 관련이 있는 다른 부서나 기관의 수평적 합의를 얻는 것을 말한다.

2. 협조절차

(1) 기안문의 내용이 행정기관 내의 다른 보조기관 또는 보좌기관의 업무와 관련이 있을 때에는 그 보조기관 또는 보좌기관의 협조를 받아야 한다.

(2) 협조절차는 두 가지가 가능하다. 만약 기안자가 기안을 하고 총괄책임자, 과장의 검토를 거쳐 국장의 결재를 받는다고 할 때 협조부서와 협조하는 절차는 다음과 같다.

① 기안부서의 총괄 ⇨ 협조부서의 총괄 ⇨ 기안부서의 과장 ⇨ 협조부서의 과장 순으로 협조를 거쳐 국장의 결재를 받거나,

② 기안부서의 총괄, 과장 ⇨ 협조부서의 총괄, 과장 순으로 협조를 거쳐 국장의 결재를 받는다.

(3) 과장·국장 등의 협조가 필요한 경우 과장·국장은 업무를 총괄하고 있으므로 실질적인 세부업무에 대한 협의는 해당 업무담당자 또는 총괄책임자와 사전협의를 한 후 과장·국장의 협조 서명을 받는 것이 좋다.

24 결재의 개념과 종류, 효과 및 결재의 표시방법에 대하여 약술하시오. (20점)

2013 기출

1. 결재의 개념

결재란 해당 사안에 대하여 행정기관의 의사를 결정할 권한이 있는 자가 그 의사를 결정하는 행위를 말한다.. 따라서 문서는 해당 기관의 장이 결재를 함으로써 문서로서 성립이 된다. 그러나 기관의 장 또는 결재권을 위임받은 자의 의사를 결정하기 위한 과정에서 각급 보조기관 또는 보좌기관의 서명을 받는 것은 결재의 개념에 해당되지 않는다.

2. 결재의 종류

(1) 결재(決裁 ; 좁은 의미)

좁은 의미의 결재란 법령에 따라 소관사항에 대한 행정기관의 의사를 결정할 권한을 가진 자(주로 행정기관의 장)가 직접 그 의사를 결정하는 행위를 말한다.

(2) 전결(專決)

전결이란 행정기관의 장으로부터 업무의 내용에 따라 결재권을 위임받은 자(보조기관·보좌기관·업무담당 공무원)가 행하는 결재를 말한다.

(3) 대결(代決)

대결이란 결재권자가 휴가, 출장, 그 밖의 사유로 결재할 수 없을 때에 그 직무를 대리하는 자가 행하는 결재를 말한다.

3. 결재의 효과

문서는 결재권자가 해당 문서에 서명(전자이미지서명, 전자문자서명 및 행정전자서명을 포함한다)의 방식으로 결재함으로써 성립한다. 따라서 결재는 문서가 성립하기 위한 최종적이며 절대적인 요건이다.

4. 결재의 표시

(1) 결재(좁은 의미)의 표시

① 행정기관의 장이 결재하는 경우에는 기관장의 직위를 직위란에 간략히 표시하고 결재란에 서명한다.
② 결재권자의 서명과 서명날짜를 함께 표시한다.

⑵ **전결의 표시**

① 전결하는 사람의 서명란에 '전결' 표시를 한 후 서명한다.

② 서명하지 않는 사람의 결재란은 만들지 않는다.

⑶ **대결의 표시**

① 위임전결 사항이 아닌 사항을 대결하는 경우('대결'만 표시)

대결하는 사람의 서명란에 '대결' 표시를 하고 서명하며, 서명하지 않는 사람의 결재란은 만들지 않는다.

② 위임전결 사항을 대결하는 경우('전결'과 '대결'을 함께 표시)

전결권자의 서명란에는 '전결' 표시를, 대결하는 사람의 서명란에는 '대결'이라고 표시하고 서명하며, '전결' 표시를 하지 않거나 서명을 하지 않는 사람의 결재란은 만들지 않는다.

25 「행정업무의 운영 및 혁신에 관한 규정」 및 같은 규정 시행규칙상 결재 받은 문서의 수정에 관하여 기술하시오. (20점) 2018 기출

1. 결재의 개념

결재란 해당 사안에 대하여 행정기관의 의사를 결정할 권한이 있는 자가 그 의사를 결정하는 행위를 말한다.

2. 결재받은 문서의 수정

(1) 원칙(원칙상 불가)

결재를 받은 문서의 일부분을 삭제하거나 수정할 때에는 재작성하여 결재를 받아야 한다. 다만, 종이문서의 경우로서 삭제하거나 수정하려는 사항이 명백한 오류의 정정 등 경미한 사항인 경우에는 행정안전부령으로 정하는 바에 따라 삭제하거나 수정할 수 있다.

(2) 종이문서의 경우

종이문서의 일부분을 삭제하거나 수정하는 경우에는 원안의 글자를 알 수 있도록 해당 글자의 중앙에 가로로 두 선을 그어 삭제하거나 수정하고, 삭제하거나 수정한 사람이 그 곳에 서명이나 날인을 하여야 한다.

① 문서의 중요한 내용에 관한 부분을 삭제 또는 수정하는 경우, 그 줄의 오른쪽 여백에 삭제 또는 수정한 글자 수를 표시하고 서명 또는 날인한다.

② 시행문을 삭제 또는 수정하는 경우, 그 줄의 오른쪽 여백에 삭제 또는 수정한 글자 수를 표시하고 관인으로 날인한다.

26 문서의 등록에 대하여 약술하시오. (20점)

1. 문서의 등록대상기관

다음의 공공기관이 기록물을 생산 또는 접수한 때에는 그 기관의 전자기록생산시스템으로 생산 또는 접수등록번호를 부여하고 이를 그 기록물에 표기하여야 하며, 중앙기록물관리기관의 장이 정하는 등록정보를 전자적으로 생산·관리하여야 한다.

(1) 국가기관

(2) 지방자치단체

(3) 「공공기관의 운영에 관한 법률」 제4조에 따른 기관

(4) 「지방공기업법」에 따른 지방공사 및 지방공단

(5) 「지방자치단체 출자·출연 기관의 운영에 관한 법률」 제2조 제1항에 따른 출자·출연 기관 중 해당 지방자치단체의 조례로 정하는 기관

(6) 특별법에 의하여 설립한 법인. 다만, 「지방문화원진흥법」에 의한 문화원 및 특별법에 의하여 설립된 조합·협회를 제외한다.

(7) 「유아교육법」, 「초·중등교육법」 및 「고등교육법」, 그 밖에 다른 법률에 따라 설립된 각급 학교

2. 등록대상문서

(1) 해당 부서에서 기안하여 결재를 받은 모든 문서

(2) 기안문 형식 외의 방법으로 작성하여 결재권자의 결재를 받은 문서

(3) 접수한 문서

3. 등록항목

등록 구분, 제목, 단위업무명(기록물철), 기안자(업무담당자), 결재권자, 생산(접수)등록번호, 생산(접수)등록일자, 수신자(발신자), 공개 구분 등

4. 문서의 등록방법

(1) 기록물의 등록

행정기관이 생산(접수)한 문서는 해당 문서에 대한 결재(접수)가 끝난 즉시 결재(접수)일 자순에 따라 반드시 각 처리과별로 「공공기록물 관리에 관한 법률 시행령」 제20조에 따라 업무관리시스템 또는 전자문서시스템에 의하여 문서(기록물)등록대장에 등록하고 생산 (접수)등록번호를 부여하여야 한다.

(2) 법규문서 등의 번호

법규문서, 지시문서, 공고문서에는 생산등록번호 외에 행정안전부령으로 정하는 번호를 부여한다.

① 법규문서에는 연도 구분과 관계없이 누적되어 연속되는 일련번호를 부여한다.

② 지시문서 중 훈령 및 예규에는 누년 일련번호를 부여하고, 일일명령에는 연도별 일련 번호를 부여하며, 지시에는 연도표시 일련번호를 부여한다.

③ 공고문서에는 연도표시 일련번호를 부여한다.

(3) 문서의 등록번호

문서의 등록번호는 처리과별로 문서등록대장에 생산문서·접수문서를 통합하여 등록된 순서에 따라 연도별 일련번호를 부여하여 관리한다.

(4) 내부결재문서

내부결재문서는 문서등록대장의 수신자란에 "내부결재"라고 표시한다.

(5) 첨부물 등록

일반문서에 첨부된 녹음테이프, 큰 도면 등 기록물 종류나 규격이 달라 함께 관리가 곤란 한 첨부물은 별도로 등록한다.

27 문서의 시행에 있어 시행문의 작성방법에 대하여 약술하시오. (20점)

1. 문서시행의 개념

문서시행이란 내부적으로 성립한 행정기관의 의사를 외부로 표시하는 단계로서 문서의 효력을 발생하게 하는 절차를 말한다.

2. 문서시행의 절차

일반적으로 시행문의 작성, 관인날인 또는 서명, 문서 발신 등의 절차를 거친다.

3. 시행문의 작성

(1) 일반사항

① 종이문서

결재받은 기안문을 복사하여 관인을 찍으면 시행문이 된다.

② 전자문서

업무관리시스템 또는 전자문서시스템에서 전자이미지관인을 찍으면 시행문이 된다.

(2) 생산(접수)등록번호란 · 수신란 등이 설계된 서식으로 작성한 문서

서식 자체를 기안문 · 시행문으로 갈음할 수 있도록 설계된 서식으로 기안한 경우에도 별도의 시행문을 작성하지 아니하고 해당 문서의 발신명의란에 관인을 찍거나 행정기관의 장이 서명하여 시행할 수 있다.

(3) 수신자가 여럿인 경우

시행문의 수신자가 여럿인 경우 그 수신자 전체를 함께 표시하여 시행문을 작성 · 시행할 수 있다. 다만, 수신자의 개인정보 보호 등을 위하여 필요할 때에는 수신자별로 작성 · 시행하여야 한다.

(4) 시행문의 준용

행정기관의 장이 소속 공무원 또는 소속기관에 발신하는 시행문이나 보조기관 및 보좌기관 상호 간에 발신하는 시행문 중에서 다음의 경우는 업무관리시스템 또는 전자문서시스템의 전자게시판이나 행정기관의 홈페이지 등에 게시된 때에 시행된 것으로 본다.

① 단순한 업무에 관한 지시

② 자료요구, 업무연락, 통보, 공지사항, 일일명령 등

28 문서의 시행에 있어서 관인 또는 서명의 표시 및 생략방법에 관하여 약술하시오. (20점) ^{2021 기출}

1. 문서시행의 개념

'문서시행'이란 내부적으로 성립한 행정기관의 의사를 외부로 표시하는 단계로서 문서의 효력을 발생하게 하는 절차를 말한다.

2. 관인날인 또는 서명 등

(1) 관인을 날인하거나 서명하는 문서

① 행정기관의 장 또는 합의제기관의 명의로 발신하는 문서의 발신명의에는 관인(전자이미지관인을 포함한다)을 찍는다. 이 경우 행정기관의 장의 명의로 발신하는 문서의 발신명의에는 행정기관의 장이 관인의 날인(捺印)을 갈음하여 서명(전자문자서명과 행정전자서명은 제외한다)을 할 수도 있다.

② 행정기관 내의 보조기관 또는 보좌기관 상호 간에 발신하는 문서의 발신명의에는 보조기관 또는 보좌기관이 서명(전자이미지서명, 전자문자서명 및 행정전자서명을 포함한다)을 한다.

(2) 관인날인 또는 서명의 생략

① 생략 표시를 하지 않는 문서
   관보나 신문 등에 실리는 문서

② 생략 표시를 해야 하는 문서
   ㉠ 일일명령 등 단순 업무처리에 관한 지시문서
   ㉡ 행정기관 또는 보조(보좌)기관 간의 단순한 자료요구, 업무연락, 통보 등을 위한 문서

(3) 생략표시 위치 – 발신명의 표시의 오른쪽에 표시

① 관인날인 생략의 표시
   행정기관장 및 합의제기관 명의의 발신문서

② 서명 생략의 표시
   보조(보좌)기관 상호 간 발신문서

29 문서의 발신에 대하여 약술하시오. (20점)

1. 문서의 발신명의

문서의 발신명의는 행정기관의 장으로 한다. 다만, 합의제기관의 권한에 속하는 문서의 발신 명의는 그 합의제기관으로 하며, 행정기관 내의 보조기관 또는 보좌기관 상호 간에 발신하는 문서는 해당 보조기관 또는 보좌기관의 명의로 한다.

2. 발신 원칙

(1) 문서는 직접 처리하여야 할 행정기관에 발신한다. 다만, 필요한 경우에는 행정조직상의 계통에 따라 발신한다.

(2) 문서는 처리과에서 발신하되, 관인을 찍는 문서인 경우로서 전자문서인 경우에는 처리과의 기안자나 문서의 수신·발신업무를 담당하는 사람이 전자이미지관인을 찍고, 종이문서인 경우에는 관인을 관리하는 사람이 관인을 찍는다.

(3) **경유발신**

① 하급기관에서 상급기관에 발신

하급기관이 바로 위 상급기관 외의 상급기관(바로 위 상급기관에 대한 지휘·감독권을 가지는 상급기관)에 발신하는 문서 중 필요하다고 인정되는 문서는 그 바로 위 상급기관을 거쳐 발신하여야 한다.

② 상급기관에서 하급기관에 발신

상급기관이 바로 아래 하급기관 외의 하급기관(바로 아래 하급기관의 지휘·감독을 받는 기관)에 발신하는 문서 중 필요하다고 인정되는 문서는 그 바로 아래 하급기관을 거쳐 발신하여야 한다.

3. 문서의 재발신

다음의 어느 하나에 해당하는 경우에는 해당 문서를 생산한 처리과의 장의 승인을 받아 이미 발신한 문서의 수신자를 변경하거나 추가하여 다시 발신할 수 있다.

(1) 결재권자나 해당 문서를 생산한 처리과의 장의 지시가 있는 경우

(2) 수신자의 명칭이 변경된 경우

(3) 착오로 인하여 수신자를 누락하였거나 잘못 지정한 경우

(4) 해당 업무와 관련된 기관의 요청이 있는 경우

4. 발신방법

(1) 문서는 업무관리시스템이나 전자문서시스템 등의 정보통신망을 이용하여 발신한다.

(2) 업무의 성질상 정보통신망을 이용하여 발신하는 것이 적절하지 않거나 그 밖의 특별한 사정이 있으면 우편·팩스 등의 방법으로 문서를 발신할 수 있으며, 내용이 중요한 문서는 등기우편이나 그 밖에 발신 사실을 증명할 수 있는 특수한 방법으로 발신하여야 한다.

(3) 행정기관이 아닌 자에게는 행정기관의 홈페이지나 행정기관이 공무원에게 부여한 전자우편주소 등 공무원임을 확인할 수 있는 전자적인 방법을 이용하여 문서를 발신할 수 있다.

5. 문서의 게시

단순한 업무에 관한 지시 또는 자료요구, 업무연락, 통보, 공지사항, 일일명령 등에 해당하는 시행문은 업무관리시스템 또는 전자문서시스템의 전자게시판이나 행정기관의 홈페이지 등에 게시하여 시행할 수 있다.

30 문서의 접수에 대하여 약술하시오. (20점)

1. 접수부서

(1) 처리과

문서는 처리과에서 접수하여야 하며, 접수한 문서에는 접수일시와 「공공기록물 관리에 관한 법률 시행령」 제20조에 따른 접수등록번호를 전자적으로 표시하되, 종이문서인 경우에는 행정안전부령으로 정하는 '접수인'을 찍고 접수일시와 접수등록번호를 적는다.

(2) 문서과

문서과에서 받은 문서는 문서과에서 접수일시를 전자적으로 표시하거나 적고 지체 없이 처리과에 배부하여야 한다. 이 경우 처리과는 배부받은 문서에 접수등록번호를 표시하거나 적는다.

2. 둘 이상의 보조(보좌)기관 관련 문서

(1) 둘 이상의 보조기관 또는 보좌기관과 관련 있는 문서의 경우에는 관련성이 가장 높은 보조기관 또는 보좌기관이 처리과로서 문서를 접수한다.

(2) 문서를 접수한 처리과는 문서와 관련이 있는 다른 보조기관 또는 보좌기관에 접수한 문서의 내용을 통보하여야 한다.

3. 당직근무자가 받은 문서

다음 근무시간 시작 후 지체 없이 문서과에 인계하여야 한다.

4. 감열(感熱)기록방식의 팩스로 수신한 문서

감열기록방식의 팩스로 보존기간이 3년 이상인 문서를 수신하였을 때에는 그 문서를 복사하여 접수하여야 한다. 이 경우 수신한 문서는 폐기한다.

5. 행정기관이 아닌 자로부터 받은 문서

행정기관의 홈페이지나 행정기관이 부여한 공무원의 전자우편주소 등 정보통신망을 이용하여 행정기관이 아닌 자로부터 받은 문서는 「행정업무의 운영 및 혁신에 관한 규정」제18조 제1항부터 제5항까지의 규정에 따라 처리한다. 이 경우 해당 문서에 대한 위조·변조 방지 조치 등으로 인하여 접수일시와 접수등록번호를 표시할 수 없으면 그 문서에 표시하지 아니할 수 있고, 발신자의 주소와 성명 등이 불분명할 때에는 접수하지 아니할 수 있다.

31 문서의 재배부, 문서의 공람에 대하여 약술하시오. (20점)

1. 문서의 재배부

처리과에서 그 소관에 속하지 아니하는 문서를 접수한 경우에는 지체 없이 문서과로 보내야 하며, 문서과로부터 배부받은 문서의 경우에는 재배부 요청을 하여야 한다. 이 경우 문서과는 그 문서를 즉시 소관 처리과로 재배부하여야 한다.

2. 문서의 공람

(1) 공람의 방법

처리과에서 문서 수신·발신 업무를 담당하는 사람은 접수한 문서를 처리담당자에게 인계하여야 하고, 처리담당자는 행정안전부령으로 정하는 문서인 경우에는 공람할 자의 범위를 정하여 그 문서를 공람하게 할 수 있다. 이 경우 전자문서를 공람하였다는 기록이 업무관리시스템 또는 전자문서시스템상에서 자동으로 표시되도록 하여야 한다.

(2) 공람 대상문서

① 결재권자로부터 처리지침을 받아야 할 필요가 있는 문서
② 민원문서
③ 행정기관이나 보조기관 또는 보좌기관 간의 업무협조에 관한 문서
④ 접수된 문서를 처리하기 위하여 미리 검토할 필요가 있는 문서
⑤ 그 밖에 공무원의 신상(身上), 교육·훈련 등과 관련하여 공무원이 알아야 할 필요가 있는 문서

(3) 공람의 표시

① 전자문서
업무관리시스템 또는 전자문서시스템상에서 공람하였다는 기록(공람자의 직위 또는 직급, 성명 및 공람일시 등)이 자동으로 표시되도록 한다.
② 종이문서
접수문서의 적당한 여백에 공람자의 직위 또는 직급을 표시하고 서명을 한다.

3. 결재권자의 지시

공람을 하는 결재권자는 문서의 처리기한 및 처리방법을 지시할 수 있으며 필요하다고 인정하는 때에는 업무분장된 담당자 외에 그 문서의 처리담당자를 따로 지정할 수 있다.

32 「행정업무의 운영 및 혁신에 관한 시행규칙」상 문서의 접수 및 처리과정에서 문서의 반송과 이송(행정기관 간 이송, 보조기관 또는 보좌기관 간 이송)에 관하여 설명하시오. (20점) 2023 기출

1. 공문서의 개념

행정기관 또는 공무원이 그 직무상 작성 또는 시행하는 문서(도면, 사진, 디스크, 테이프, 전자문서 등 특수매체기록 포함) 및 행정기관이 접수한 모든 문서를 말한다.

2. 문서의 반송

행정기관의 장은 접수한 문서에 형식상의 흠이 있으면 그 문서의 생산등록번호, 시행일, 제목 및 반송사유를 구체적으로 밝혀 발신한 행정기관의 장에게 반송할 수 있다.

3. 문서의 이송

(1) 행정기관 간의 이송

행정기관의 장은 접수한 문서가 다른 행정기관의 소관사항인 경우에는 그 문서를 지체 없이 소관 행정기관의 장에게 이송하여야 한다.

(2) 보조기관 또는 보좌기관 간의 이송

처리과에서 접수한 문서가 다른 보조기관이나 보좌기관의 소관사항인 경우에는 지체 없이 소관 보조기관 또는 보좌기관에 이송하여야 한다.

33 경유문서의 처리에 대하여 약술하시오. (10점)

1. 경유문서의 접수

경유문서의 접수는 일반문서의 접수절차와 동일하다.

2. 결재 및 처리

(1) 경유문서의 결재 및 발신

경유문서를 접수한 기관은 해당 기관장의 명의로 다음 경유기관의 장이나 최종 수신자에게 경유문서를 첨부하여 발신하여야 한다.

(2) 의견의 표시

경유기관의 의견이 있으면 그 의견을 시행문 본문에 표시하거나 첨부하여 보내야 한다.

3. 반송 및 수정·보완 요구

(1) 경유기관의 장은 그 문서를 최종적으로 처리할 권한이 있는 자가 아니므로 검토과정에서 형식상, 내용상 흠이 있더라도 발신 행정기관의 장에게 반송할 수 없다.

(2) 경유문서에 대하여 수정 또는 보완 요구를 할 수 없다. 위에서 설명한 바와 같이 경유기관의 장은 경유문서에 대한 검토를 하고, 이에 대한 의견이 있는 경우에는 이를 첨부하여 경유 순서에 따라 보내야 한다.

03 업무관리시스템

1. 개념

2. 기대효과
(1) 정책의 투명성, 책임성 제고

(2) 정책 품질 제고

(3) 행정업무의 효율성 제고 (공, 관, 분, 신, 실, 효)
① 일하는 방식의 표준화·시스템화로 신속한 업무처리 가능
② 업무과정의 표준화로 한 시스템에서 관리 가능
③ 관련 업무 담당자 간 업무처리 내용의 긴밀한 공유
④ 업무내용의 과제별, 체계적 분류·등록
⑤ 추진내용, 과제수행에 대한 정확한 상황을 실시간으로 확인
⑥ 추진실적이 자동으로 기록·관리되어 행정의 효율성 향상

1. 과제관리카드
(1) 개념

(2) 구성

(3) 포함될 사항

2. 문서관리카드
(1) 개념

(2) 구성

(3) 포함사항

(4) 문서의 기안

문서관리카드로 기안을 할 수 있다.

문3 **업무관리시스템 연계운영 및 표준관리 약술**

1. 기능분류시스템과 연계운영

2. 표준관리
(1) 표준고시(행안부장관)

(2) 표준 관보 고시, 인터넷 게시

(3) 시스템 구축 · 운영

문4) 정부전자문서 유통지원센터 약술

1. 설치

2. 업무
⑴ 전자문서 유통 지원 및 연계 표준 운영
⑵ 프로그램 개발, 보급
⑶ 장애 복구 지원
⑷ 위·변조 방지 위한 보호대책
⑸ 행정기관, 공공기관 및 국민 간 전자문서 유통 위한 시스템 구축, 운영

3. 장애발생 시 정보요청
행정안전부장관 → 센터 이용자에게 업무·전자문서시스템 등의 관련 정보요청

34 업무관리시스템의 개념과 기대효과 및 시스템 구축·운영 주체에 대하여 약술하시오. (20점) ^{2024 기출}

1. 업무관리시스템의 개념 ^{2015, 2024 기출}

업무관리시스템이란 행정기관이 업무처리의 전 과정을 과제관리카드 및 문서관리카드 등을 이용하여 전자적으로 관리하는 시스템을 말한다.

2. 업무관리시스템의 기대효과 ^{2024 기출}

(1) 정책의 투명성, 책임성 제고

정책결정과정에서 제시된 다양한 의견이 기록·관리되도록 하여 정책의 투명성 및 책임성을 제고할 수 있다.

(2) 정책 품질의 제고

업무수행과 전자적 문서관리, 과제관리, 정책품질관리 등을 연계하여 정책품질을 제고할 수 있다.

(3) 행정업무의 효율성 제고

① 일하는 방식의 표준화·시스템화로 신속한 업무처리가 가능하다.
② 업무과정이 표준화되어 시스템에서 관리된다.
③ 관련 업무 담당자 사이에 업무처리 내용이 긴밀하게 공유된다.
④ 업무내용은 과제별로 체계적으로 분류·등록된다.
⑤ 추진내용이나 과제수행에 대한 정확한 상황을 실시간으로 확인할 수 있다.
⑥ 추진실적이 자동으로 기록·관리되어 행정의 효율성을 크게 향상시킬 수 있다.

3. 업무관리시스템의 구축·운영 주체 ^{2024 기출}

(1) 행정기관의 장은 업무처리의 모든 과정을 효율적으로 관리하기 위하여 업무관리시스템을 구축·운영하여야 한다. 다만, 업무의 성질상 업무관리시스템의 구축·운영이 곤란하거나 그 밖의 특별한 사유가 있는 경우에는 그러하지 아니하다.

(2) 중앙행정기관, 지방자치단체 또는 지방교육행정기관의 장은 업무관리시스템을 구축·운영하는 경우에 그 소속기관 등을 포함하여 구축·운영할 수 있다.

(3) 행정안전부장관은 업무관리시스템의 구축·운영을 지원하기 위한 계획을 수립·시행할 수 있다.

35 업무관리시스템의 구성에 대하여 약술하시오. (20점) ^{2015 기출}

1. 과제관리카드

(1) 과제관리카드의 개념

행정기관의 소관업무를 기능 및 목적 등의 기준으로 구분하여 업무추진실적을 기록 · 관리하는 프로그램이다.

(2) 과제관리카드의 구성 내용

기능별 단위 과제의 담당자, 내용, 추진실적 등으로 구성된다.

(3) 과제관리카드에 포함될 내용

과제관리카드에는 표제, 실적관리, 접수관리, 계획관리, 품질관리, 홍보관리, 고객관리 부분과 그 밖에 필요한 사항이 포함되어야 한다.

2. 문서관리카드

(1) 문서관리카드의 개념

문서관리카드는 문서의 작성 · 검토 · 결재 · 등록 · 공개 · 공유 등 문서처리의 모든 과정을 기록 · 관리하는 카드이다.

(2) 문서관리카드 구성내용

문서관리카드에는 문서정보, 보고경로, 시행정보, 관리정보 부분과 그 밖에 필요한 사항이 포함되어야 한다.

(3) 문서관리카드 포함사항

① 기안내용
② 의사결정 과정에서 제기된 의견, 수정내용과 지시사항
③ 의사결정내용

(4) 문서의 기안

문서의 기안은 업무관리시스템의 문서관리카드로 할 수 있다. 이 경우 검토자 · 협조자 및 결재권자는 보고경로의 의견 · 지시란에 의견을 표시할 수 있고 전결 · 대결 및 끝 표시를 생략할 수 있다.

36 업무관리시스템과 행정정보시스템 간 연계운영 및 업무관리시스템의 표준관리에 대하여 약술하시오. (20점) 2015 기출

1. 업무관리시스템의 연계 2015 기출

(1) 업무관리시스템과 행정정보시스템 간 연계

행정기관의 장은 효율적인 업무 운영을 위하여 업무관리시스템 또는 전자문서시스템을 기능분류시스템 등 행정정보시스템과 연계하여 운영하여야 한다. 다만, 업무의 성질상 연계하여 운영하는 것이 적합하지 아니하거나 그 밖의 특별한 사유가 있는 경우에는 그러하지 아니하다.

(2) 기능분류시스템

범정부 차원에서 행정기관이 상시적으로 수행하는 업무를 기능에 따라 체계적으로 분류·운영하는 것을 의미하며, 정부업무의 생산성을 제고하고, 행정자원의 효율적 활용을 위한 전자적 관리시스템을 말한다.

2. 업무관리시스템의 표준관리

(1) 업무관리시스템의 표준고시

행정안전부장관은 다음의 표준을 정하여야 한다. 다만, 「산업표준화법」에 따른 한국산업 표준이 제정되어 있는 사항은 그 표준을 따른다.
① 업무관리시스템의 규격에 관한 표준과 업무관리시스템을 이용한 전자문서 등의 유통에 관한 표준
② 전자문서시스템의 규격에 관한 표준과 전자문서시스템을 이용한 전자문서 등의 유통에 관한 표준
③ 업무관리시스템 또는 전자문서시스템과 행정정보시스템 간 연계를 위한 표준

(2) 표준의 관보 고시 및 인터넷 게시

행정안전부장관은 규격·유통 및 연계에 관한 표준을 정하였으면 그 내용을 관보에 고시하고 인터넷에 게시하여야 한다. 그 표준을 변경하는 경우에도 또한 같다.

(3) 행정기관장의 시스템 구축·운영

행정기관의 장은 특별한 사유가 없으면 고시된 표준과 「공공기록물 관리에 관한 법률」 제39조에 따른 표준에 적합한 업무관리시스템이나 전자문서시스템을 구축·운영하여야 한다.

37 정부전자문서 유통지원센터에 대하여 약술하시오. (10점)

1. 센터의 설치

행정안전부장관은 전자문서의 원활한 유통을 지원하기 위하여 행정안전부에 정부전자문서 유통지원센터를 둔다.

2. 센터의 업무

(1) 전자문서의 원활한 유통을 위한 지원과 유통 및 연계에 관한 표준 등의 운영

(2) 전자문서의 효율적인 유통을 위한 프로그램의 개발 및 보급

(3) 전자문서의 유통 시 발생하는 장애를 복구하기 위한 지원

(4) 유통되는 전자문서의 위조·변조·훼손 또는 유출을 방지하기 위한 보호대책 마련

(5) 행정기관, 공공기관(「전자정부법」 제2조 제3호에 따른 공공기관을 말한다) 및 국민 간 전자문서의 유통을 위한 시스템 구축 및 운영

3. 장애발생 시 정보요청

행정안전부장관은 전자문서 유통상의 장애가 발생하거나 업무관리시스템 또는 전자문서시스템 간의 문제가 발생한 경우에는 센터 이용자에게 업무관리시스템 또는 전자문서시스템 등의 관련 정보를 요청할 수 있다.

04 서식관리

문1 서식의 개념, 종류 및 제정 약술

1. 개념

2. 종류
(1) 법령서식

(2) 일반서식

3. 제정
(1) 제정원칙

(2) 제정방법
　① 법령 제정

　② 고시 · 훈령 · 예규 제정

문2 서식 설계의 일반원칙 약술

1. 정

2. 기

3. 용

4. 겸

5. 택

6. 이

7. 민

8. 용

문3 서식승인신청 방법 및 승인기관 약술

1. 서식승인기관
(1) 행안부장관

(2) 중앙행정기관 장
   ① 승인

   ② 자체심사

(3) 지자체 · 지방교육행정기관의 장

2. 승인신청
(1) 신청서 제출

(2) 사전협의

3. 승인통보

4. 서식 관리
(1) 서식 전자적 제공

(2) 서식 변경 및 폐지
    ① 변경사용(사후통보)
    ② 폐지(승인기관 통보)
    ③ 해당 국가 언어 병기(재외공관 서식)

38 서식의 개념과 종류 및 서식의 제정에 대하여 약술하시오. (20점)

2017, 2023 기출

1. 서식의 개념

서식이란 장기간에 걸쳐 반복되는 업무와 관련하여 행정상의 필요사항을 기재할 수 있도록 도안한 일정한 형식 또는 그 업무용지를 말한다.

2. 서식의 종류

(1) 법령서식

법률·대통령령·총리령·부령·조례·규칙 등 법령으로 정한 서식을 말한다.

(2) 일반서식

법령서식을 제외한 모든 서식을 말한다.

3. 서식의 제정

(1) 제정원칙

행정기관에서 장기간에 걸쳐 반복적으로 사용하는 문서로서 정형화할 수 있는 문서는 특별한 사유가 없으면 서식으로 정하여 사용한다.

(2) 제정방법

① 법령으로 정하는 서식
  ㉠ 국민의 권리·의무와 직접 관련되는 사항을 기재사항으로 정하는 서식
  ㉡ 인가, 허가, 승인 등 민원에 관계되는 서식
  ㉢ 행정기관에서 공통적으로 사용하는 서식 중 중요한 서식
② 법령에서 고시 등으로 정하도록 한 경우와 그 밖의 특별한 사유가 있는 경우에는 고시·훈령·예규 등으로 정할 수 있다.

39 서식설계의 일반원칙에 대하여 약술하시오. (20점) 2017, 2023 기출

1. 민원인의 개인정보를 보호할 수 있도록 설계

주민등록번호란은 '생년월일란'으로 대체하고 등록기준지란은 설치하지 아니하되, 행정정보 공동이용, 신원조회 등 꼭 필요한 경우에만 '주민등록번호란' 또는 '등록기준지란'을 설치하며, 정보보호위원회의 개인정보 침해요인평가 확인을 받아야 한다.

2. 기입항목의 식별이 용이하도록 설계

글씨의 크기, 항목 간의 간격, 적어 넣을 칸의 크기 등을 균형 있게 조절하여 서식에 적을 사항을 쉽게 알 수 있도록 설계한다.

3. 쉬운 용어를 사용하고 필요한 항목만 설계

서식은 누구나 쉽게 이해할 수 있는 용어를 사용하여 설계하여야 하며, 불필요하거나 활용도 가 낮은 항목을 넣지 않는다.

4. 기안(시행)문 겸용 설계

서식은 특별한 사유가 없으면 서식 자체를 기안문 및 시행문으로 갈음할 수 있도록 생산등록 번호·접수등록번호·수신자·시행일 및 접수일 등의 항목을 넣어 설계한다.

5. 서명 또는 날인의 선택적 설계

법령에서 서식에 날인하여야 한다고 정하고 있지 아니하면 서명이나 날인을 선택할 수 있도 록 설계한다.

6. 행정기관의 이미지 제고 노력

서식에는 가능하면 행정기관의 로고·상징·마크·홍보문구 등을 표시하여 행정기관의 이미 지를 높일 수 있도록 한다.

7. 민원서식의 설계

민원서식에는 그 민원업무의 처리 흐름도, 처리기간, 전자적 처리가 가능한지 등을 표시하여 민원인의 편의를 도모하여야 하고, 음성정보나 영상정보 등을 수록하거나 연계한 바코드 등을 표기할 수 있다.

8. 용지의 규격과 지질

서식에는 행정안전부령으로 정하는 바에 따라 용지의 규격 등을 표시할 수 있다.

40 서식의 승인에 대하여 약술하시오. (20점) 2014 기출

1. 서식의 승인기관

(1) 행정안전부장관

중앙행정기관이 법령으로 제정하는 서식

(2) 중앙행정기관의 장

① 승인

중앙행정기관 및 그 소속기관이 훈령·고시·예규 등으로 제정 또는 개정하는 서식

② 자체심사

중앙행정기관의 법령에 의하여 제정된 서식을 변경하려는 경우에는 해당 중앙행정기관의 장은 서식 설계의 일반원칙과 기준에 따라 자체심사를 하여야 한다.

(3) 지방자치단체 또는 지방교육행정기관의 장

지방자치단체의 조례·규칙, 훈령·고시·예규 등으로 제정 또는 개정하는 서식

2. 승인의 신청

(1) 승인신청서 제출

서식의 승인을 받고자 하는 행정기관의 장은 입법예고와 동시에 서식 목록과 서식 초안을 첨부하여 문서로 승인을 신청하여야 한다. 이 경우 서식 초안은 컴퓨터 등 정보처리능력을 가진 장치로 작성한다.

(2) 관계기관 간 사전협의

둘 이상 기관의 업무에 관계되는 서식은 관계기관 간의 사전협의를 거쳐 승인을 신청하여야 한다.

3. 승인서식의 통보

승인기관이 서식을 승인한 때에는 서식 목록과 승인서식안을 첨부하여 문서로 승인신청기관에 통보하여야 한다.

4. 서식의 관리

(1) 서식의 전자적 제공

행정기관장은 국민이 편리하게 사용할 수 있도록 소관 업무와 관련된 서식을 정보통신망을 이용하여 제공하여야 한다.

(2) 서식의 변경 및 폐지

① 서식의 변경사용

승인된 서식을 업무관리시스템, 행정정보시스템 등에서 그대로 사용할 수 없는 경우에는 서식의 주요 내용을 변경하지 아니하는 범위에서 기재항목 또는 형식을 변경할 수 있으며, 필요한 경우에는 단순히 자구, 활자크기, 용지의 지질 등을 변경하여 사용할 수 있다. 이 경우 서식 승인기관에 사후 통보로 승인을 갈음할 수 있다.

② 서식의 폐지

서식 제정기관이 서식을 폐지한 때에는 지체 없이 그 사실을 서식 승인기관에 통보하여야 한다.

③ 해당 국가 언어의 병기

재외공관의 장은 재외공관에서 사용하는 서식에 그 국가의 언어를 함께 적어 사용하게 하거나 그 국가의 언어로 번역한 서식을 사용하게 할 수 있다.

05 관인관리

문2 관인의 등록(재등록)방법 약술

1. 관인의 등록(재등록)기관
(1) 해당 기관의 관인대장에 등록
(2) 부득이한 경우 직근 상급기관 등록

2. 등록(재등록)사유

3. 부정사용금지
미등록관인 사용금지

4. 등록방법
(1) 해당기관 직접 등록
(2) 직근 상급기관 등록

문3 관인의 폐기절차와 사유 약술

1. 폐기사유

2. 폐기방법
(1) 관인대장, 폐기일·사유 기재, 인영등록보존
(2) 관인은 영구기록물관리기관 이관
(3) 직근 상급기관 등록 관인 폐기 시 직근 상급기관 신고

문4 관인의 공고 약술

1. 공고사유

2. 공고방법

3. 공고사항

41 관인의 종류와 효력에 대하여 약술하시오. (20점) ^{2013 기출}

1. 관인의 개념

관인이란 일반적으로 정부기관에서 공식문서에 사용하는 인장을 말한다.

2. 관인의 종류

행정기관의 명의로 발신 또는 교부하는 문서에 사용하는 청인과, 행정기관의 장 또는 보조기관의 명의로 발신 또는 교부하는 문서에 사용하는 직인이 있으며, 지방자치단체에서 사용하는 공인을 포함한 개념이다.

(1) 청인

의결기관 · 자문기관, 기타 합의제기관

(2) 직인

① 각급 독임제 행정기관의 장
②「정부조직법」규정에 의하여 위임받은 사무를 행정기관으로서 처리하는 보조기관
③ 법령에 따라 합의제기관의 장으로서 사무를 처리하는 합의제기관의 장

(3) 전자이미지관인

각급 행정기관은 전자문서에 사용하기 위하여 관인의 인영을 컴퓨터 등 정보처리능력을 가진 장치에 전자적인 이미지 형태로 입력하여 사용하는 전자이미지관인을 가진다.

(4) 특수관인

행정기관의 장은 유가증권 등 특수한 증표 발행, 민원업무 또는 재무에 관한 업무 등 특수한 업무처리에 사용하는 관인을 따로 가질 수 있으며, 특별한 기관에서 사용하는 관인과 특별한 용도에 사용하는 관인으로 구분한다.

3. 관인의 효력

(1) 행정기관의 장 또는 합의제기관의 명의로 발신 또는 교부하는 문서에는 관인을 찍는다.

(2) 관인 생략의 대상문서를 제외하고는 관인이 날인되지 아니한 문서는 흠이 있는 문서로서, 해당문서를 시행한 행정기관에 보완을 요청할 수 있다.

(3) 이러한 문서를 접수한 행정기관의 장은 형식상의 흠을 이유로 발신 행정기관의 장에게 반송할 수 있다.

42 관인의 규격과 관련하여 관인의 모양과 크기 및 재료, 글자체 종류, 색깔, 찍는 위치, 인영의 인쇄 사용에 대하여 약술하시오. (20점)

1. 모양

관인의 모양은 행정기관의 장이 정한다. 따라서 관인의 모양은 정사각형, 직사각형, 마름모, 원형, 타원형, 다각형 등 다양한 모양으로 새겨서 사용할 수 있다.

2. 크기

관인의 크기는 아래의 규격을 초과할 수 없다.

(1) **청인**

① 국무회의 : 5.4cm

② 그 밖의 합의제기관 : 3.6cm

(2) **직인**

① 대통령 : 4.5cm

② 국무총리 : 3.6cm

③ 그 밖의 행정기관의 장 : 3cm

3. 특수관인의 모양 및 크기

해당 업무의 특수성을 감안하여 그 모양을 원형 또는 타원형 등으로 할 수 있으며, 그 크기는 용도에 적합한 크기로 만들 수 있다.

4. 재료

관인의 재료는 쉽게 닳거나 부식되지 아니하는 재질을 사용하여야 한다.

5. 글자

(1) 관인의 글자는 한글로 하여 가로로 새기되, 국민이 쉽고 간명하게 알아볼 수 있도록 하여야 하며, 그 기관 또는 직위의 명칭에 '인' 또는 '의인' 글자를 붙인다.

(2) 특수한 업무 처리에 사용하는 관인은 그 업무집행 목적에만 사용되는 것임을 그 관인의 인면에 표시하여야 한다.

6. 인영의 색깔

관인 인영의 색깔은 빨간색으로 한다. 다만, 문서를 출력 또는 복사하여 시행하거나 팩스를 통하여 문서를 접수하는 경우에는 검정색으로 할 수 있다.

7. 관인을 찍는 위치

관인을 찍는 경우에는 발신명의 표시의 마지막 글자가 인영의 가운데에 오도록 한다. 다만, 등본·초본 등 민원서류를 발급할 때 사용하는 직인은 발신명의 표시의 오른쪽에 찍을 수 있다.

8. 인영의 인쇄 사용

관인을 찍어야 할 문서로서 다수의 수신자에게 동시에 발신 또는 교부하거나 알리는 문서에는 관인의 날인에 갈음하여 관인의 인영을 인쇄하여 사용할 수 있다.

43 전자이미지관인의 등록방법과 둘 이상 행정기관이 공동으로 사용하는 행정정보시스템의 전자이미지관인 입력방법 등에 대하여 약술하시오.

(20점)

1. 전자이미지관인의 등록

(1) 전자이미지관인은 관인의 인영(印影 : 도장을 찍은 모양)을 컴퓨터 등 정보처리능력을 가진 장치에 전자적인 이미지 형태로 입력하여 사용하여야 한다.

(2) 전자이미지관인은 문서과에서 관리하는 전자이미지관인대장에 등록(재등록)하여 관리하여야 하고, 전자이미지관인 컴퓨터 파일은 정보화 담당 부서에서 관리하여야 한다.

2. 전자이미지관인의 제출 및 관리

(1) **둘 이상 행정기관이 운영하는 행정정보시스템의 전자이미지관인 입력**

둘 이상의 행정기관이 공동으로 사용하는 행정정보시스템을 구축·운영하는 행정기관의 장은 그 행정정보시스템에 전자이미지관인을 전자입력하기 위하여 그 행정정보시스템을 사용하는 행정기관의 장에게 전자이미지관인을 제출하게 할 수 있다.

(2) **전자이미지관인의 재등록·폐기 통보**

전자이미지관인을 제출한 행정기관의 장은 전자이미지관인을 재등록하거나 폐기하려는 경우에는 그 사실을 지체 없이 행정정보시스템 운영기관장에게 통보하여야 한다.

(3) **전자이미지관인의 삭제**

전자이미지관인을 재등록하거나 폐기한 행정기관의 장은 공동으로 사용하는 행정정보시스템에 재등록한 전자이미지관인을 전자입력하거나 폐기한 전자이미지관인을 삭제하여야 한다. 다만, 직접 전자이미지관인을 전자입력하거나 삭제할 수 없는 경우에는 행정정보시스템 운영기관장이 재등록된 전자이미지관인을 제출받아 전자입력하거나 폐기된 전자이미지관인을 삭제할 수 있다.

44 관인의 등록방법에 대하여 약술하시오. (20점) 2015 기출

1. 관인의 등록(재등록)기관

각급 행정기관은 관인의 인영을 해당 행정기관의 관인대장에, 전자이미지관인의 인영을 해당 행정기관의 전자이미지관인대장에 각각 등록(재등록)하여야 한다. 다만, 부득이한 경우에는 바로 위 상급기관에 신청 및 등록(재등록)할 수 있다.

2. 등록(재등록)사유

(1) 행정기관이 신설 또는 분리된 경우

(2) 기존 기관의 명칭이 변경된 경우

(3) 관인이 분실되거나 닳아 없어진 경우

(4) 법령에 따라 권한을 위임받은 경우

(5) 그 밖에 관인을 다시 새길 필요가 있는 경우

3. 부정사용금지

행정기관의 장은 등록하지 아니한 관인을 사용할 수 없으며, 관인을 위조 또는 변조하거나 부정하게 사용하지 못하도록 필요한 조치를 하여야 한다.

4. 관인의 등록방법

(1) **행정기관이 직접 등록(재등록)하는 경우**

해당 행정기관의 관인대장에 관인을 등록(재등록)하여 관리하여야 한다. 이 경우 내부결재를 받아 등록(재등록)한다.

(2) **바로 위 상급기관에 등록(재등록)하는 경우**

바로 위 상급기관에 관인등록(재등록)을 신청하여 바로 위 상급기관에서 그 상급기관의 관인대장에 등록(재등록)한다.

(3) **상급기관의 심사 및 보존**

바로 위 상급기관이 하급기관으로부터 등록(재등록) 신청서를 접수한 때에는 등록(재등록) 대상 기관인지의 여부, 관인의 종류 및 규격 등을 심사한 후 등록(재등록)하되, 그 인영을 관인대장에 등록(재등록)하여 관리하여야 한다.

45 관인의 폐기와 관보 공고사항에 대하여 약술하시오. (20점) ^{2013 기출}

1. 관인의 폐기

(1) 폐기사유

① 행정기관이 폐지된 경우

② 행정기관 명칭이 변경된 경우

③ 관인이 분실 또는 닳아 없어진 경우

④ 그 밖에 관인을 폐기할 필요가 있는 경우

(2) 폐기절차

① 해당기관이 폐기하는 경우

행정기관이 관인을 폐기할 때에는 관인대장에 관인 폐기일과 폐기사유 등을 적고, 그 관인을 관인폐기 공고문과 함께 「공공기록물 관리에 관한 법률」에 따른 영구기록물관리기관(국가기록원 또는 지방기록물관리기관)에 이관하여야 한다. 바로 위 상급기관이 하급기관으로부터 관인폐기 신고를 받은 경우에도 또한 같다.

② 상급기관에 등록된 관인의 폐기

행정기관이 바로 위 상급기관에 등록한 관인을 폐기하고자 하는 경우에는 폐기 대상 관인을 첨부하여 관인 등록기관(바로 위 상급기관)에 신고하여야 한다.

2. 관인의 공고

(1) 공고사유

등록기관은 관인을 등록 또는 재등록하거나 폐기하였을 때에는 행정안전부령으로 정하는 바에 따라 그 사실을 관보에 공고하여야 한다.

(2) 공고방법

관인 등록기관은 공고 사유가 발생한 때에는 행정안전부장관에게 관보게재를 의뢰하여 공고하여야 한다. 다만, 지방자치단체는 조례가 정하는 바(시·도보, 시·군·구보 공고 등)에 의한다.

(3) 관보 공고사항

① 관인의 등록·재등록 또는 폐기사유

② 등록·재등록 관인의 최초 사용 연월일 또는 폐기 관인의 폐기 연월일

③ 등록·재등록 또는 폐기 관인의 이름 및 인영

④ 공고기관의 장

06 행정업무의 효율적 수행

제1절 업무혁신

문1 행정업무혁신 약술

1. 행정업무혁신의 개념

2. 대상 업무 (협, 절, 조, 공, 지)
(1) 협업

(2) 절차

(3) 조직

(4) 공간

(5) 지식

(6) 기타 혁신 위한 사항

3. 혁신계획 수립

4. 지원요청

5. 자문단 운영

문2 협업과제 대상 업무 종류, 협업과제 등록 약술

1. 행정협업의 촉진(개념)

2. 대상업무 (동, 지, 인, 연, 협)
(1) 공동

(2) 지원

(3) 인가

(4) 연계

(5) 협의

3. 행정협업과제 등록 · 관리
(1) 협업과제 등록

(2) 행정협업과제 대상업무 (주, 단, 이, 행)
　① 주관

　② 단위

　③ 이력

　④ 행안부장관

문3 협업과제 추가발굴

1. 추가발굴

2. 수요 등 사전 조사 (구, 비, 이, 발)
(1) 구심적

(2) 비용

(3) 이해

(4) 발굴

3. 전문기관 조사 의뢰

4. 협의 확정

5. 업무혁신시스템 등록ㆍ관리
(1) 시스템 등록

(2) 등록사항

문4 지식행정활성화

1. 지식행정활성화

2. 활성화 추진사항 (경, 지, 전, 시, 활)
(1) 지식

(2) 경험

(3) 전문

(4) 시스템

(5) 활성화

(6) 기타 지식행정 활성화 필요사항

3. 행정지식 활용 · 관리
(1) 행정정보시스템과 정부통합지식행정시스템 간 연계

(2) 행정정보 등록 · 갱신 요청

(3) 행정정보의 최신성

문5 업무혁신 점검·관리·지원 및 협의체 구성, 업무협약, 업무혁신책임관

1. 업무혁신추진상황 점검·관리 및 지원
(1) 추진상황 점검

(2) 업무혁신성과 분석·평가, 관리

(3) 업무혁신을 위한 지원

2. 협의체 구성과 업무협약 체결

3. 업무혁신책임관
(1) 임명

(2) 업무 (발, 연, 정, 조, 부)
　① 발굴

　② 연계

　③ 정비

　④ 조정

　⑤ 부서

　⑥ 그 밖에 혁신을 위한 필요 업무

(3) 혁신시스템 등록
　행정기관장

문6 **행정협업조직 개념, 필요성 및 설치·운영 기술**

1. 설치

2. 필요성
(1) 문제해결형 정부조직 패러다임

(2) 국민·현장 중심 원스톱 행정서비스

(3) 효율적 정부조직 운영방식

3. 공동운영규정 제정(훈령)

문7 **업무혁신시스템 구축, 시스템 간 연계**

1. 혁신시스템 구축·운영
(1) 시스템 구축

(2) 시스템 운영

2. 활용 촉진
(1) 행정업무혁신시스템 활용실태 평가 · 분석

(2) 활용실태 점검 · 평가 · 지원

3. 행정정보시스템의 상호 연계 및 통합
(1) 시스템의 연계

(2) 연계를 위한 지원

문8 업무혁신 관련 시설 확보, 혁신문화 조성, 국제협력, 우수기관 포상 등

1. 혁신시설 확보
(1) 혁신시설 마련, 제공

(2) 정부시설 활용 · 연계

2. 혁신문화 조성 및 국제협력
(1) 혁신문화 조성사업 추진 (사, 자, 포, 교, 정)
　행안부장관
　① 행정업무 혁신을 사례 발굴 · 포상 및 홍보
　② 행정업무 혁신을 위한 자문등 전문인력 및 기술지원
　③ 행정업무 혁신을 위한 포럼 및 세미나 개최
　④ 행정업무 혁신을 위한 교육콘텐츠 개발 · 보급
　⑤ 행정업무 혁신을 위한 정책연구 및 제도개선 사업
　⑥ 그 밖에 행정업무 혁신에 필요한 사업

⑵ **국제협력 추진**

행안부장관, 혁신 참고사례 발굴, 우수사례 전파, 전문인력 양성 및 교류, 전문기술 확보 위함

⑶ **사무공간 마련**

행정기관장

3. 혁신우수기관 포상 및 홍보 등
⑴ 우수기관 포상

⑵ 공무원 포상

문9 **지식행정 구성요소 약술**

1. 지식행정 개념

2. 구성요소
⑴ 기반요소

① 전략

② 제도

③ 조직

④ 정보기술

⑤ 문화

⑥ 리더십

(2) 활동요소

① 지식창출

② 보유지식 관리

문10 **온-나라 지식시스템(GKMC) 약술**

1. 개념

2. 주요 기능
(1) 지식

(2) 일정

(3) 커뮤니티

(4) 게시판

46 행정업무 혁신과 관련하여 혁신대상업무를 약술하시오. (20점)

1. 행정업무혁신

행정기관의 장은 업무의 효율성을 높이고 행정서비스에 대한 국민의 만족도를 높이기 위하여 해당 행정기관의 업무 수행 방식을 지속적으로 혁신해야 한다.

2. 대상업무

행정업무 혁신은 다음 각 호의 업무를 대상으로 한다.

(1) 행정협업과제의 발굴·수행 등 행정협업 촉진

(2) 불필요한 절차 간소화 및 디지털 기술을 활용한 업무처리 자동화 등 업무절차 개선

(3) 불합리한 관행 타파 및 구성원 간 이해·소통을 위한 조직문화 개선

(4) 사무공간, 회의공간, 휴게공간, 민원공간 등 업무공간 혁신

(5) 지식행정 활성화

(6) 그 밖에 행정업무 혁신을 위하여 추진이 필요한 사항

3. 혁신계획 수립·시행

행정안전부장관은 행정업무 혁신을 위한 계획을 수립·시행할 수 있다.

4. 지원요청

행정안전부장관은 필요하다고 인정하는 경우 관계 행정기관의 장에게 행정업무 혁신에 필요한 지원을 요청할 수 있다.

5. 자문단 운영

행정안전부장관은 행정업무 혁신의 효과적인 추진을 위하여 관계 전문가 등으로 구성된 자문단을 운영할 수 있다.

47 행정협업과제 대상업무의 종류 및 협업과제 등록에 대한 내용을 약술하시오.
(20점) 2016 기출

1. 행정협업의 촉진

행정기관의 장은 다른 행정기관과 공동의 목표를 설정하고 해당 행정기관 상호 간의 기능을 연계하거나 시설·장비 및 정보 등을 공동으로 활용하는 방식의 행정기관 간 협업을 촉진하고 이에 적합한 업무과제를 발굴해야 한다. 이 경우 행정기관의 장은 발굴한 행정협업과제 수행을 위하여 노력해야 한다.

2. 대상업무

행정협업과제는 다음 각 호의 업무를 대상으로 한다.

(1) 다수의 행정기관이 공동으로 수행할 필요가 있는 업무

(2) 다른 행정기관의 행정지원을 필요로 하는 업무

(3) 법령에 따라 다른 행정기관의 인가·승인 등을 거쳐야 하는 업무

(4) 행정기관 간 행정정보의 공유 또는 행정정보시스템의 상호 연계나 통합이 필요한 업무

(5) 그 밖에 다른 행정기관의 협의·동의 및 의견조회 등이 필요한 업무

3. 협업과제의 등록·관리

(1) 협업과제 등록

행정기관의 장은 행정협업과제를 행정업무혁신시스템에 등록·관리할 수 있다. 이 경우 행정기관의 장은 등록하려는 행정협업과제를 공동으로 수행할 관련 행정기관의 장과 사전에 협의해야 한다.

(2) 업무혁신시스템 등록 사항(제42조의2 제2항 제1호 내지 제4호)

① 행정협업과제의 주관부서 및 과제담당자와 협업부서 및 담당자
② 행정협업과제와 관련된 다른 행정기관의 단위과제
③ 행정협업과제의 이력, 내용 및 취지
④ 그 밖에 행정안전부장관이 정하는 사항

48 행정협업과제의 추가발굴에 대하여 약술하시오. (20점)

1. 협업과제 추가발굴

행정안전부장관은 행정협업을 촉진하기 위하여 행정기관의 장이 발굴한 행정협업과제 외의 행정협업과제를 추가로 발굴할 수 있다.

2. 수요 등 사전 조사

행정안전부장관은 행정협업과제를 추가로 발굴하기 위하여 필요한 경우에는 행정기관, 국민, 공공기관, 민간 기업 또는 단체 등을 대상으로 다음 각 호의 사항과 관련된 행정협업의 수요, 현황 및 애로사항 등을 조사할 수 있다.

(1) 목표달성을 위하여 다수의 행정기관이 함께 협력할 필요가 있고 구심적 역할을 수행하는 행정기관이 필요한 정책 또는 사업

(2) 행정기관 간 협력을 통하여 비용 또는 예산을 절감할 수 있는 정책 또는 사업

(3) 행정기관 간 이해상충 가능성이 높아 이견에 대한 협의·조정이 필요한 정책 또는 사업

(4) 그 밖에 관련 행정기관과의 협의 결과 행정협업과제 발굴을 위하여 필요하다고 인정하는 사항

3. 전문가 조사 의뢰

행정안전부장관은 위 2.에 따른 조사의 전문성 및 효율성을 높이기 위하여 필요한 경우에는 행정안전부장관이 정하는 바에 따라 관련 학회 등 연구단체, 전문기관 또는 민간 기업에 위 2.의 전부 또는 일부에 관한 조사를 의뢰할 수 있다.

4. 협의 확정

행정안전부장관은 조사 결과로 발굴된 행정협업과제를 관련 행정기관과의 협의를 통하여 확정한다.

5. 업무혁신시스템 등록

(1) 시스템 등록

행정안전부장관은 위 4.에 따라 확정된 행정협업과제를 행정업무혁신시스템에 등록·관리할 수 있다.

(2) 등록사항

행정협업과제의 등록사항에 관하여는 제42조의2 제2항을 준용한다.

49 행정기관의 지식행정활성화에 대한 내용을 기술하시오. (20점)

1. 지식행정활성화

행정기관의 장은 해당 기관의 행정정보, 행정업무 수행의 경험 및 업무에 관한 지식의 공동이용 등을 통하여 정책과 행정서비스의 질을 높이는 방식의 행정을 활성화하도록 노력하여야 한다.

2. 활성화 추진사항

행정기관의 장은 다음 각 호의 사항을 포함하여 해당 기관의 지식행정활성화를 추진할 수 있다. 다만, 행정지식관리시스템을 구축·운영하지 않는 경우에는 (4)의 사항은 제외할 수 있다.

(1) 업무수행 과정에서 행정지식의 수집·생산, 보관·활용 방안

(2) 연구모임 등을 통한 업무수행 경험 활용 활성화에 관한 사항

(3) 전문가 전문지식의 업무 활용에 관한 사항

(4) 행정지식관리시스템의 운영·관리에 관한 사항

(5) 지식행정 활성화를 위한 지원 사항

(6) 그 밖에 지식행정 활성화를 위하여 필요한 사항

3. 행정지식의 활용·관리

(1) 행정정보시스템과 정부통합지식행정시스템 간 연계

행정기관의 장은 특별한 사유가 없으면 전자문서시스템, 업무관리시스템, 행정지식관리시스템 등 각종 행정정보시스템과 행정안전부장관이 구축·운영하는 행정지식의 공동 활용을 위한 시스템을 연계하여 행정지식이 범정부적으로 활용·관리되도록 하여야 한다.

(2) 행정정보 등록, 갱신 요청

행정안전부장관은 정부통합지식행정시스템을 통해 행정지식을 수집하여 관리할 수 있으며, 이를 위하여 필요한 경우 행정기관의 장에게 소관 행정정보의 등록 또는 갱신을 요청할 수 있다. 이 경우 행정기관의 장은 특별한 사유가 없으면 요청에 따라야 한다.

(3) 행정정보의 최신성

행정기관의 장은 정부통합지식행정시스템상의 소관 행정정보가 최신으로 유지되도록 노력해야 한다.

50 행정업무혁신과 관련, 혁신의 점검·관리 및 지원 그리고 혁신을 위한 협의체 구성과 업무협약의 내용에 대하여 약술하시오. (10점)

1. 업무혁신 추진상황 점검·관리 및 지원

(1) 추진상황 점검

행정기관의 장은 해당 기관의 행정업무 혁신 추진상황을 지속적으로 점검해야 한다.

(2) 업무혁신성과 분석·평가, 관리

행정기관의 장은 그 행정기관의 행정업무 혁신 성과를 평가·분석하고 체계적으로 관리해야 한다.

(3) 업무혁신을 위한 지원

행정안전부장관은 필요하다고 인정하거나 관련 행정기관이 요청한 경우에는 행정업무 혁신을 위하여 필요한 지원을 할 수 있다.

2. 협의체 구성 및 업무협약의 체결

행정기관은 행정업무 혁신의 효율적인 수행을 위하여 필요한 경우 관련 행정기관과 협의체를 구성하거나 행정업무 혁신의 목적, 협력 범위 및 기능 분담 등에 관한 업무협약을 체결할 수 있다.

51 행정업무혁신과 관련, 혁신책임관의 임명에 대하여 약술하시오. (20점)

2017 기출

1. 혁신책임관 임명

행정기관의 장은 소속 기획조정실장 또는 이에 준하는 직위의 공무원을 해당 행정기관의 행정업무 혁신을 총괄하는 책임관으로 임명하여야 한다.

2. 혁신책임관의 업무

혁신책임관의 업무는 다음 각 호와 같다

(1) 해당 행정기관의 행정업무 혁신 과제 발굴 및 수행의 총괄

(2) 해당 행정기관의 행정정보시스템의 다른 행정기관과의 연계 및 효율적 운영에 관한 총괄 관리

(3) 해당 행정기관의 행정업무 혁신을 위한 행정업무 절차, 관련 제도 등의 정비·개선

(4) 해당 행정기관의 행정업무 혁신과 관련된 다른 행정기관과의 협의·조정

(5) 해당 행정기관의 공공기관, 기업, 단체 등과의 협업 추진에 관한 업무를 총괄하는 부서의 지정·운영

(6) 그 밖에 행정업무 혁신을 위하여 필요한 업무

3. 혁신시스템 등록

행정기관의 장은 혁신책임관을 임명한 경우에는 행정안전부장관이 정하는 바에 따라 그 사실을 행정업무혁신시스템에 등록하여야 한다.

52 행정협업조직의 설치에 대하여 약술하시오. (20점)

1. 행정협업조직의 설치

행정기관의 장은 다수의 행정기관이 수행하는 사무의 목적, 대상 또는 관할구역 등이 유사하거나 연관성이 높은 경우에는 관련 기능, 업무처리절차 및 정보시스템 등을 연계·통합하거나 시설·인력 등을 공동으로 활용하는 등 협력하여 업무를 수행하는 조직을 설치·운영할 수 있다.

2. 행정협업조직의 필요성

(1) '문제해결형(problem-solving)' 정부조직 패러다임

오늘날 복잡하고 다양한 사회문제 및 행정수요에 대응하여 과거처럼 개별 행정기관이 단독으로 해결하는 것은 한계가 있으므로 다수 부처·기관이 정책·행정서비스를 연계하고 협력하여 해결하는 것이 보다 효과적인 행정환경에 직면하게 되었다.

(2) 국민·현장 중심의 '원스톱 행정서비스(one-stop service)'

행정기관별 분절적인 행정서비스 제공은 국민들에게 불편을 초래하므로 국민의 관점에서 한 곳에 방문하면 종합적인 서비스를 받을 수 있고, 기관 간 공유·협력을 통해 국민의 불편을 최소화하는 현장 중심의 통합적 행정서비스 전달체계의 필요성이 증대되었다.

(3) 효율적 정부조직 운영방식

행정기관·지역별로 유사한 행정서비스를 분산적으로 제공하던 방식에서 탈피하여 행정기관·지역 간 서비스 연계·협력을 통해 인력·시설·장비 등 행정자원을 공동으로 활용하여 행정의 효율성을 제고할 필요성이 증대되었다.

3. 공동운영규정 제정

행정협업조직 설치·운영에 참여하는 관계 행정기관의 장은 해당 행정협업조직의 운영을 위하여 필요한 공동운영규정을 제정할 수 있다.

53 행정업무혁신시스템의 구축과 활용 촉진, 행정정보시스템의 연계에 대한 내용을 기술하시오. (20점) ^{2017 기출}

1. 행정업무혁신시스템의 구축 · 운영

(1) 행정업무혁신시스템의 구축

행정안전부장관은 행정기관이 제41조 제2항 각 호의 업무를 원활하게 수행할 수 있도록 전자적 시스템을 구축할 수 있다.

(2) 행정업무혁신시스템의 운영

행정기관의 장은 행정업무혁신시스템을 이용하여 행정업무 혁신을 수행하도록 노력해야 한다.

2. 행정업무혁신시스템의 활용 촉진

(1) 행정업무혁신시스템 활용실태 평가 · 분석

행정기관의 장은 소관 업무 중 행정업무혁신시스템을 이용하여 업무를 수행한 실적 등 행정업무혁신시스템 활용실태를 평가 · 분석하고 그 활용을 촉진하여야 한다.

(2) 활용실태 점검 · 평가 · 지원

행정안전부장관은 각급 행정기관의 행정업무혁신시스템 활용실태를 점검 · 평가하고 필요한 지원을 할 수 있다.

3. 행정정보시스템의 상호 연계 및 통합

(1) 행정정보시스템의 연계

행정기관의 장은 행정업무 혁신의 원활한 추진을 위하여 행정기관 간 행정정보시스템의 상호 연계나 통합을 적극적으로 추진하여야 한다.

(2) 연계를 위한 지원

행정안전부장관은 행정업무 혁신을 위하여 필요하다고 인정되거나 관련 행정기관의 지원요청이 있는 경우 행정정보시스템의 연계 · 통합에 필요한 지원을 할 수 있다.

54 행정업무혁신과 관련하여 관련 시설 등의 확보와 혁신문화 조성 및 국제
협력, 혁신우수기관 포상 및 홍보와 관련된 내용을 기술하시오. (30점)

1. 혁신 관련 시설 등의 확보

(1) 혁신시설 마련, 제공

행정기관의 장은 행정업무 혁신을 위하여 필요한 경우 공동시설·공간·설비 등을 마련
하여 다른 행정기관에 제공할 수 있다.

(2) 정부시설 활용·연계

행정안전부장관은 「전자정부법」에 따라 전자적 행정업무 수행을 위하여 정부가 설치한
시설이 행정협업 관련 시설로 활용되거나 연계되도록 노력하여야 한다.

2. 혁신문화 조성 및 국제협력 등

(1) 행정업무 혁신문화 조성사업 추진

행정안전부장관은 행정업무 혁신에 대한 인식을 높이고, 행정업무 혁신문화를 조성하기
위하여 다음 각 호의 사업을 추진할 수 있다.
① 행정업무 혁신 우수사례의 발굴·포상 및 홍보
② 행정업무 혁신을 위한 자문 등 전문인력 및 기술지원
③ 행정업무 혁신을 위한 포럼 및 세미나 개최
④ 행정업무 혁신을 위한 교육콘텐츠의 개발·보급
⑤ 행정업무 혁신을 위한 정책연구 및 제도개선 사업
⑥ 그 밖에 행정업무 혁신에 필요한 사업

(2) 국제협력 추진

행정안전부장관은 행정업무 혁신의 참고사례 발굴 및 우수사례의 전파, 전문인력의 양성
및 교류, 관련 전문기술의 확보 등을 위하여 국제협력을 적극적으로 추진하여야 한다.

(3) 사무공간 마련

행정기관의 장은 행정업무 혁신이 원활하게 수행될 수 있도록 조직 내 활발한 소통을 유
도하는 사무공간을 마련하는 데 노력하여야 한다.

3. 혁신우수기관 포상 및 홍보 등

(1) 우수기관 포상

행정안전부장관은 행정업무 혁신의 성과가 우수한 행정기관을 선정하여 포상 또는 홍보할 수 있다.

(2) 공무원 포상

행정기관의 장은 행정업무 혁신에 이바지한 공로가 뚜렷한 공무원 등을 포상하고 인사상 우대조치 등을 할 수 있다.

55 지식행정의 추진 배경과 구성요소에 대하여 약술하시오. (20점) ^{2020 기출}

1. 지식행정의 개념

행정기관의 장이 해당 기관의 행정정보, 행정업무 수행의 경험 및 업무에 관한 지식의 공동이용 등을 통하여 정책과 행정서비스의 질을 높이는 방식의 행정을 말한다.

2. 지식행정의 추진 배경

(1) 지식정보화사회로의 패러다임 변화

행정기관의 지식 창출과 관리 능력은 조직의 생존과 발전을 좌우할 전망이다.

(2) 행정의 생산성 및 전문성 향상

지식행정은 업무지식의 입수·활용 경로를 획기적으로 개선하고, 신속한 문제해결을 가능하게 하여 행정의 생산성 및 전문성을 높인다.

(3) 창의적 업무수행으로 행정서비스 질 향상

지식행정을 통하여 창의적 업무수행이 가능해짐으로써 정책의 품질개선 등 행정서비스의 질적 향상에 기여할 수 있다.

3. 지식행정의 구성요소

(1) 기반요소

① 전략

기관의 전략·목표와 지식행정 전략과의 연계, 목표 달성을 위한 핵심지식 창출 등

② 제도

지식행정의 체계적 추진과 성과 창출을 위한 법적 기반 및 지식행정 활동과 성과에 대한 평가·보상 체계 등

③ 조직

범정부적 지식행정 추진체계 및 기관별 지식행정 전담인력 등

④ 정보기술

지식행정시스템, 지식행정시스템과 유관 시스템과의 연계 등

⑤ 문화

지식행정에 대한 인식, 구성원의 능동적·자율적 참여 등

⑥ 리더십

기관장의 지식행정에 대한 열정, 지원 등

(2) 활동요소

① 필요지식 창출

새로운 문제 발생 시 문제를 인식하고, 문제해결에 필요한 지식을 창출하고 이를 실행하는 활동

② 보유지식 관리

창출된 지식을 수집하고, 체계적으로 분류해 조직 내·외부와 공유하는 활동

56 온-나라 지식시스템(Government Knowledge Management Center)에 대하여 약술하시오. (20점) 2020 기출

1. 온-나라 지식시스템(GKMC) 개념

기관단위로 분산되어 있는 행정지식을 통합·연계하여 모든 공무원이 다양한 행정지식을 상호 공유·활용하고 정책의견을 교환할 수 있는 정부 내 '단일 지식창구'로서의 지식관리시스템이다.

2. 주요 기능

(1) 지식

지식은 정부 내 업무지식을 통합적으로 공유·활용할 수 있도록 온-나라 문서, 표준 KMS 등 172종의 시스템과 연계되어 있는 지식통합저장소이다.

(2) 일정

일정은 구성원의 스케줄을 날짜와 시간 순서에 따라 업무·행사 등의 순서를 계획적으로 조정하는 맞춤형 사용자 서비스를 제공한다. 일정을 사용함으로써 중요한 업무를 잊어버리거나 약속 시간에 늦는 것을 방지할 수 있다.

(3) 커뮤니티

각종 지식활동을 통하여 생산되는 지식을 공유·활용하는 공간이다. 구성원은 중앙 및 지방자치단체 공무원 등이다.

(4) 게시판

다양한 의사소통과 각 기관 간의 정책 자료를 공유할 수 있는 공간이며 '공지사항', '통합 온-나라 사용법', '질의응답', '제안과 토론' 등으로 구성되어 있다. 이는 정부 부처 및 지방자치단체 공무원 상호 간의 정책정보 소통 공간으로 활용할 수 있다.

57 행정업무혁신시스템의 개념과 기대효과 및 주요기능에 대하여 기술하시오. (20점) 2017 기출

1. 행정업무혁신시스템의 개념

행정업무혁신시스템이란 기관 간 행정협업을 원활하게 수행할 수 있도록 정보공유, 협의 등을 전자적으로 지원하는 행정정보시스템을 말한다.

즉, 출장 없이 언제 어디서나 업무관계자들이 사이버 공간에서 모여 토론, 회의, 협의, 소통, 의사결정 등 업무를 공동으로 진행하고, 그 결과와 처리과정상의 정보를 저장, 공유 및 활용할 수 있도록 지원하는 시스템을 말한다.

2. 행정업무혁신시스템의 기대효과

(1) 협업·소통 활성화 및 행정효율성 향상

기관 내·간 협업을 잘하는 공무원에게 인센티브를 부여하는 등 협업·소통 활동에 사용자의 자발적인 참여를 유도하며, 협업·소통의 활성화로 불필요한 출장 근무를 최소화하여 행정의 효율성을 크게 향상시킬 수 있다.

(2) 업무비용절감 및 생산성 향상

영상회의, 쪽지창(messenger), 담벼락 등 의사소통 도구의 다양화로 업무처리 과정에서 기관 간 협업이 자연스럽게 이루어질 수 있고, 시간·공간상의 제약을 제거하여 비용절감 및 생산성 향상을 도모할 수 있다.

(3) 협업·소통의 편의성과 접근의 용이성 제공

협업시스템 간 통합운영 기반의 환경 제공으로 부처·지방자치단체 공무원들이 칸막이 없이 상호 소통·협업이 가능하도록 사용자 편의성 및 접근 용이성을 제공한다.

3. 핵심기능별 주요 서비스 내용

(1) 협업방(협업포인트, 전문가 찾기, PC 영상회의)

① 업무의 도움을 받은 공무원에게 감사 메시지와 협업 포인트 보내기

② 업무 관련 또는 유사업무 관련 전문가 찾기 및 외부전문가 검색 기능

③ 영상회의를 통해 문서의 공유·수정 및 회의내용 녹화 가능

⑵ 소통방(담벼락, 메신저 등)

① 개인 소통 공간(담벼락) 제공

② 담벼락의 게시글에 대해 '좋아요' 누르기, 의견달기, 답글달기, 친구맺기 등 실시간 소통

③ 실시간 대화 및 쪽지보내기, 그룹 대화 및 그룹 쪽지 기능 등 메신저를 통한 부처 내·간의 실시간 소통

④ 그 밖의 의사소통 수단으로 SMS, 메신저의 메일, 쪽지 알림 기능 등 활용

⑶ 정보공유(사용자 찾기, 법령정보, 정보공개 등)

① 기관 내·외의 사용자를 검색하는 기능

② 법령정보센터와 연계하여 법령집 검색, 정보공개 기능 제공 등

제2절 정책연구의 관리

문11 정책연구의 개념 및 관리주체별 역할 약술

1. 정책연구의 개념

2. 관리주체별 역할

(1) 심의위원회

①

②

(2) 소위원회

(3) 간사

① 위원회 구성 및 운영사무
② 정책연구 종합 계획 수립
③ 연구과제별 진행상황 점검
④ 해당 기관 정책연구 성과 점검
⑤ 과제담당관 업무 총괄·조정

(4) 과제담당관

① 소위원회 구성 및 운영사무
② 해당 정책연구 추진계획 수립, 진행상황 점검, 결과 평가, 공개 등

문12 정책연구의 종류 약술

1. 예산편성 기준
(1) 포괄 연구개발비

① 기관 전체의 정책연구비 규모(전년 실적 감안 총액 편성)

② 기관 자율적 연구과제당 연구비 배정

(2) 사업별 연구개발비

① 특정사업에 포함된 연구개발비 규모

② 사업별 연구개발비 규모는 원칙적 변경 불가

2. 수행방식 기준
(1) 위탁형

연구자 단독연구, 종합 보고서

(2) 공동연구형

연구자와 공무원이 공동연구, 종합보고서 또는 업무보고서

(3) 자문형

연구자가 특정 현안에 대한 의견 서면제시, 약식 보고서

문13 정책연구 추진절차 약술

1. 과제 선정
(1) 위원회 심의선정(포괄)

(2) 연구 주관부서장 선정(사업별)

2. 연구자 선정(국가계약법)

(1)

(2)

3. 중간점검, 연구결과 평가 및 공개

4. 활용상황 점검 및 심의

문14 **포괄연구개발비 연구추진 시 연구과제 선정 약술**

1. 정책연구의 개념
전술(前述)

2. 관리계획 수립 (사, 예, 추, 성, 고)

3. 과제 공모

4. 과제 신청 전 중복 검토
담당부서장, 차별성 검토보고서

5. 과제 신청
심의신청서, 차별성 검토보고서 제출

6. 위원회 심의, 선정
중복 검토(중복 시 선정 대상 제외)

(1) 적합성

(2) 적정성

(3) 명확성

(4) 위원회에서 정하는 사항

7. 과제담당관 지정
과제선정결과 통보, 소관부서 과장급, 해당 정책연구 전반 관리

01

문15 사업별 연구개발비 연구과제 선정절차 약술

1. 정책연구 개념

2. 관리계획 수립

3. 과제 선정 전 중복검토
담당부서장, 차별성 검토보고서

4. 과제 선정
담당부서장, 위원회 심의배제, 담당부서장 선정

5. 선정결과보고
위원회, 차별성 검토보고서 제출(중복 시 변경요구)

문16 수의계약에 의한 정책연구자 선정절차 약술

1. 정책연구 및 연구자의 의의
(1) 정책연구의 개념

(2) 연구자의 의의

2. 수의계약 대상

3. 위원회 심의 (방, 능, 목, 타, 실, 연)

소위원회 심의 가능(심의결과 위원회 제출)

4. 계약체결 요청

계약부서, 사업계획서 등 첨부

5. 과제 및 연구자 선정결과 등록

과제담당관, 프리즘

문17 경쟁방법에 의한 연구자 선정

1. 정책연구의 개념, 연구자의 의의
전술(前述)

2. 선정방법

(1) 2단계 경쟁 입찰

(2) 제한경쟁 입찰

(3) 협상에 의한 계약

3. 위원회 심의 생략

4. 선정절차
(1) 과제담당관 계약 요청
과제담당관은 계약부서에 계약 요청

(2) 계약 체결
계약부서 낙찰자 결정, 계약 체결

58 정책연구의 개념과 종류에 대하여 약술하시오. (20점)

1. 정책연구의 개념

정책연구란 중앙행정기관이 정책의 개발 또는 주요 정책현안에 대한 조사·연구 등을 목적으로 정책연구과제를 선정하고, 정책연구를 수행할 자와 연구수행에 대한 대가를 지급하는 내용의 계약을 체결하는 방식으로 추진하는 사업을 말한다.

2. 제외 대상

다른 법률에 따라 체계적으로 관리되고 있는 다음의 연구는 정책연구 관리대상에서 제외하고 있다.

(1) 「과학기술기본법」에 따른 국가연구개발사업의 연구

(2) 「학술진흥법」에 따른 학술연구

(3) 「국민건강증진법」에 따른 건강증진사업 관련 조사·연구

(4) 기술·전산·임상연구, 그 밖의 단순 반복적인 설문조사

(5) 대가로 지급하는 금액이 1천만 원 이하인 조사·연구

(6) 그 밖에 다른 법령에 따라 관리되고 있는 연구로서 행정안전부장관이 정하는 연구

3. 정책연구의 종류

(1) 예산편성 기준

정책연구는 연구개발비 예산편성 내역에 따라 다음과 같이 나눌 수 있다.

① 포괄 연구개발비

중앙행정기관의 정책수행을 위해 포괄적으로 편성된 연구개발비로 추진되는 정책연구

② 사업별 연구개발비

개별 부서 사업예산에 포함된 연구개발비로 특정 사업 수행 일부로 추진되는 정책연구

⑵ 수행방식 기준

정책연구는 수행방식에 따라 다음과 같이 위탁형, 공동연구형, 자문형으로 구분한다.

① 위탁형

연구자(「국가계약법」에 의하여 국가와 정책연구에 관한 계약을 체결한 단체 또는 개인)가 단독으로 정책연구를 수행하여 그 결과를 종합보고서의 형태로 제출하는 방식

② 공동연구형

연구자와 공무원이 공동으로 정책연구를 수행하는 방식

③ 자문형

연구자가 담당 공무원에게 특정 정책 현안에 대한 의견을 서면으로 제시하는 방식

59 정책연구의 관리에 대하여 약술하시오. (20점)

1. 정책연구의 관리 원칙

중앙행정기관의 장은 정책연구를 수행하는 과정에서 다음과 같은 관리 원칙을 지키기 위하여 최선을 다하여야 한다.

(1) 연구과제 및 연구자 선정의 투명성과 공정성, 전문성 확보

(2) 정책연구 예산의 효율적 운용

(3) 정책연구결과의 품질 및 활용도 제고

2. 관리기관

(1) 정부조직관리기관

정책연구 관리 대상기관은 중앙행정기관(대통령 직속기관과 국무총리 직속기관을 포함한다)과 그 소속기관이다. 다만, 지방자치단체의 경우에는 정책연구결과를 해당 지방자치단체의 조례로 정하는 바에 따라 정책연구관리시스템을 통하여 공개하여야 한다.

(2) 행정안전부장관이 지정하는 기관

정부조직관리에 포함되지 않더라도 매년 다수의 정책연구를 수행하는 기관으로서 해당 기관의 요청에 따라 행정안전부장관이 적용 대상기관으로 지정할 수 있다.

3. 관리주체별 역할

(1) 정책연구심의위원회

① 연구과제와 연구자의 선정에 관한 사항 심의
② 연구결과의 평가에 관한 사항 심의
③ 연구결과의 활용상황 점검 및 공개 등에 관한 사항 심의
④ 그 밖에 정책연구의 체계적인 관리를 위하여 필요한 사항 심의

(2) 정책연구심의소위원회

연구과제 선정을 제외하고 위원회에서 위임한 사항 심의

⑶ 간사(정책연구 총괄부서)

① 위원회의 구성 및 운영에 관한 사무 처리

② 연구과제 및 연구자 선정에 관한 회의 안건의 준비

③ 정책연구결과 평가 및 활용상황 점검에 관한 회의 안건의 준비

④ 정책연구 관리계획 수립

⑤ 연구과제별 진행상황 점검(정책연구관리시스템 확인) 및 시정 요구

⑥ 해당 기관의 정책연구 성과점검 및 결과 제출

⑦ 그 밖에 정책연구 추진에 관한 과제담당관의 업무 총괄·조정

⑷ 과제담당관(과제담당부서)

① 소위원회 구성 및 운영에 관한 사무 처리

② 해당 정책연구에 관한 추진계획의 수립 및 시행

③ 연구결과의 평가

④ 정책연구의 공개

⑤ 그 밖에 정책연구 수행에 관하여 필요한 업무

60 **정책연구심의위원회에 대하여 약술하시오. (20점)**

1. 정책연구심의위원회의 목적과 기능

중앙행정기관은 정책연구를 종합적이고 체계적으로 관리하기 위하여 정책연구심의위원회를 설치하고 정책연구에 관한 다음 사항을 심의한다.

⑴ 연구과제와 연구자의 선정에 관한 사항

⑵ 연구결과의 평가에 관한 사항

⑶ 연구결과의 활용상황 점검 및 공개 등에 관한 사항

⑷ 그 밖에 정책연구의 체계적인 관리를 위하여 필요한 사항

2. 위원회의 구성

⑴ 인적 구성

위원회는 위원장 1명을 포함하여 10명 이상 30명 이하의 위원으로 성별을 고려하여 구성하되, 위촉위원이 전체 위원의 과반수가 되어야 한다.

⑵ 위원장 및 위원

① 위원장

위원장은 정책연구에 관한 업무를 총괄하는 실 또는 국(실 또는 국에 상당하는 부서를 포함한다)의 장이 된다.

② 위원

위원은 해당 중앙행정기관의 장이 지명하는 과장급 이상 공무원과 그 중앙행정기관 소관업무에 관한 전문적인 지식과 경험이 풍부한 외부전문가 중에서 해당 중앙행정기관의 장이 위촉하는 사람이 된다. 위촉위원의 임기는 2년으로 하되 연임할 수 있다.

③ 간사

위원장은 위원장이 속하는 실 또는 국의 과장급 공무원을 간사로 지정할 수 있다.

3. 위원회 운영

⑴ 위원회의 회의는 재적위원 과반수의 출석으로 개의하고, 출석위원 과반수의 찬성으로 의결한다.

⑵ 회의 개의 시, 전체 위촉위원 중 과반수 이상 참석해야 개의할 수 있다.

4. 위촉위원 참여 배제

위원회는 다음의 어느 하나에 해당하는 사항을 심의하는 경우 위촉위원의 참여를 배제할 수 있다. 이 경우 위촉위원 과반수가 출석한 경우에만 개의할 수 있다는 규정을 적용하지 아니한다.

(1) 「군사기밀보호법」에 따른 군사기밀 관련 사항

(2) 「국가정보원법」에 따른 국가기밀 관련 사항

(3) 그 밖에 보안 관련 규정에 따라 비밀로 관리되는 사항

5. 위원 참석 배제 기준

위원회의 위원은 본인 또는 본인의 배우자, 4촌 이내의 혈족, 2촌 이내의 인척 또는 그 사람이 속한 기관·단체와의 정책연구 계약에 관한 사항의 심의·의결에 관여하지 못한다.

61 정책연구의 개략적인 추진절차에 대하여 약술하시오. (20점)

1. 정책연구의 개념

정책연구란 중앙행정기관이 정책의 개발 또는 주요 정책현안에 대한 조사·연구 등을 목적으로 정책연구과제를 선정하고, 정책연구를 수행할 자와 연구수행에 대한 대가를 지급하는 내용의 계약을 체결하는 방식으로 추진하는 사업을 말한다.

2. 과제 선정

(1) 위원회 심의 및 선정(포괄)

정책연구는 연구과제를 추진하고자 하는 부서의 신청을 받아 위원회의 심의를 거쳐 과제를 선정하고 과제담당관을 지정한다.

(2) 연구 주관부서장 선정(사업별)

특정 사업 수행의 일부로 연구하는 경우에는 그 사업을 주관하는 부서의 장이 연구과제를 선정한다.

3. 연구자 선정(국가계약법)

(1) 경쟁방법(원칙)

과제담당관과 계약담당관은 정책연구과제에 대한 사업계획 수립 후 일반 경쟁에 의한 방법에 의하여 연구자를 선정함이 원칙이다.

(2) 수의계약(예외)

위원회 심의(수의계약 시)를 거쳐 연구자를 선정하여 계약을 체결하고 계약결과를 공개한다.

4. 중간점검, 연구결과 평가 및 공개

정책연구가 착수되면 과제담당관은 필요한 경우 중간점검 등을 통해 진행상황을 관리하고 정책연구가 완료되면 연구결과물을 평가한 후 결과를 공개한다.

5. 활용상황 점검 및 심의

연구 종료일로부터 6개월 이내에 연구결과 활용상황을 점검하여야 하며, 점검에 관한 사항은 위원회 심의를 거쳐야 한다.

62 정책연구과제 선정과 관련하여 정책연구 관리계획의 수립과 과제 선정 방법에 대하여 약술하시오. (20점) ^{2018 기출}

1. 정책연구의 개념

정책연구란 중앙행정기관이 정책의 개발 또는 주요 정책현안에 대한 조사·연구 등을 목적으로 정책연구과제를 선정하고, 정책연구를 수행할 자와 연구수행에 대한 대가를 지급하는 내용의 계약을 체결하는 방식으로 추진하는 사업을 말한다.

2. 정책연구 관리계획 수립

중앙행정기관의 정책연구 업무를 총괄하는 부서의 장은 정책연구를 체계적으로 수행하기 위해 매년 포괄 연구개발비와 사업별 연구개발비에 편성된 정책연구 대상사업을 파악한 후 다음과 같은 종합적인 정책연구관리계획을 수립한다.

(1) 대상 사업별 과제

(2) 예산현황

(3) 추진체계, 방법, 절차, 일정

(4) 성과점검 계획

(5) 수행 시 고려사항

3. 정책연구과제 선정

중앙행정기관의 장은 공정하고 투명하게 정책연구가 이루어지도록 위원회의 심의를 거쳐 연구과제를 선정하여야 하며, 연구과제별로 담당 부서의 과장급 공무원을 과제담당관으로 지정하여야 한다.

4. 심의 배제

다음의 경우에는 위원회의 심의를 거치지 아니한다.

(1) 위원회의 심의를 거치지 아니하고 연구자를 선정하여 정책연구를 하는 경우 중 긴급하게 정책연구를 할 필요가 있어 연구과제를 선정하는 경우

(2) 예산의 편성에 따라 특정 사업 수행의 일부로 정책연구 사업이 정해진 경우로서 그 사업을 주관하는 부서의 장이 그 사업의 내용에 따라 연구과제를 선정하는 경우

63 포괄 연구개발비 정책연구를 추진할 경우 정책연구과제 선정에 대하여 약술하시오. (20점)

1. 정책연구의 개념

정책연구란 중앙행정기관이 정책의 개발 또는 주요 정책 현안에 대한 조사·연구 등을 목적으로 정책연구과제를 선정하고, 정책연구를 수행할 자와 연구수행에 대한 대가를 지급하는 내용의 계약을 체결하는 방식으로 추진하는 사업을 말한다.

2. 정책연구 관리계획 수립

중앙행정기관의 정책연구 업무를 총괄하는 부서의 장은 정책연구를 체계적으로 수행하기 위해 매년 포괄 연구개발비와 사업별 연구개발비에 편성된 정책연구 대상사업을 파악한 후 다음과 같은 종합적인 정책연구관리계획을 수립한다.

(1) 대상 사업별 과제

(2) 예산현황

(3) 추진체계, 방법, 절차, 일정

(4) 성과점검 계획

(5) 수행 시 고려사항

3. 과제 공모

정책연구과제는 예산편성 시 개략적으로 정해지나, 정책연구 총괄부서는 필요한 경우 해당 연도 예산 범위 내에서 정책연구과제를 공모할 수 있다.

4. 과제 신청 전 중복 검토

기존 연구과제와 중복되는지 여부를 사전에 검토해야 한다. 그 결과 그 전에 수행된 연구과제와 중복된다고 판단되면 연구과제로 신청하여서는 아니 되며, 기존 연구과제와 유사한 경우 기존 연구과제와의 차별성 검토보고서를 신청서와 함께 제출하여야 한다.

5. 과제 신청

정책연구를 하려는 부서의 장은 연구과제 선정에 관하여 위원회의 심의를 거치려면 규칙 별지 제10호의2 서식의 정책연구과제 심의 신청서와 규칙 별지 제10호의3 서식의 정책연구과제 차별성 검토보고서를 위원회에 제출하여야 한다. 다만, 선정하려는 연구과제와 유사하거나 중복되는 연구과제에 관한 다른 정책연구가 없는 경우에는 규칙 별지 제10호의3 서식은 제출하지 아니할 수 있다.

6. 위원회의 심의

(1) 위원회는 부서의 장으로부터 제출받은 정책연구과제 신청서에 대해 다음과 같은 사항들을 심의한 후 정책연구과제를 선정한다.

① 연구과제의 적합성
② 정책연구의 방식, 예산규모 및 계약방법 등의 적정성
③ 연구결과 활용 목적의 명확성
④ 그 밖에 위원회에서 정하는 기준 등

(2) 위원회는 정책연구과제 심의 시 신청받은 과제가 기존에 수행된 정책연구과제와 유사·중복되는지를 검토한 후에 유사하거나 중복된다고 판단되는 경우에는 정책연구과제의 선정 대상에서 제외해야 한다.

7. 과제담당관의 지정

심의가 완료되면 신청부서에 심의결과를 통보하고 연구 추진이 확정된 정책연구과제 소관 부서의 과장급 공무원을 과제담당관으로 지정한다. 과제담당관은 정책연구과제를 추진하고 결과를 공개·활용하는 자로서 해당 정책연구 전반에 관한 사항을 관리해야 한다.

64 사업별 연구개발비로 정책연구를 추진할 경우 연구과제 선정에 대하여 약술하시오. (20점)

1. 정책연구의 개념

정책연구란 중앙행정기관이 정책의 개발 또는 주요 정책 현안에 대한 조사·연구 등을 목적으로 정책연구과제를 선정하고, 정책연구를 수행할 자와 연구수행에 대한 대가를 지급하는 내용의 계약을 체결하는 방식으로 추진하는 사업을 말한다.

2. 정책연구관리계획 수립

중앙행정기관의 정책연구 업무를 총괄하는 부서의 장은 정책연구를 체계적으로 수행하기 위해 매년 포괄 연구개발비와 사업별 연구개발비에 편성된 정책연구 대상사업을 파악한 후 다음과 같은 종합적인 정책연구관리계획을 수립한다.

(1) 대상 사업별 과제

(2) 예산현황

(3) 추진체계, 방법, 절차, 일정

(4) 성과점검 계획

(5) 수행 시 고려사항

3. 과제 선정 전 중복 검토

사업별 연구개발비로 추진되는 정책연구과제는 과제 선정 전에 중복 여부를 검토하고 기존 연구과제와 중복되면 정책과제로 선정하지 않아야 하며, 기존 연구과제와 유사한 경우에는 해당 과제에 대한 차별성 검토보고서를 작성하여 위원회에 제출하여야 한다.

4. 과제 선정

예산의 편성에 따라 특정 사업의 일부로 정책연구사업이 정해진 경우에는 위원회의 심의를 거치지 않고, 연구를 실시하고자 하는 부서의 장이 정해진 사업의 내용에 따라 정책연구과제를 직접 선정한다.

5. 과제 선정 보고

(1) 정책연구를 하려는 부서의 장은 연구과제를 선정한 경우에는 규칙 별지 제10호의3 서식의 정책연구과제 차별성 검토보고서 및 규칙 별지 제10호의4 서식의 정책연구과제 선정결과보고서를 위원회에 보고하여야 한다. 다만, 선정하려는 연구과제와 유사하거나 중복되는 연구과제에 관한 다른 정책연구가 없는 경우에는 규칙 별지 제10호의3 서식은 보고하지 아니할 수 있다.

(2) 위원회는 제출받은 정책연구과제가 기존 연구과제와 중복되는지 다시 한 번 검토하고, 그 결과 중복된다고 판단될 경우에는 해당 정책연구과제의 변경을 요구할 수 있다.

65 정책연구의 관리와 관련하여 경쟁방법에 의한 연구자 선정방법에 대하여 약술하시오. (20점)

1. 정책연구와 연구자의 의의

(1) 정책연구의 개념

정책연구란 중앙행정기관이 정책의 개발 또는 주요 정책 현안에 대한 조사·연구 등을 목적으로 정책연구과제를 선정하고, 정책연구를 수행할 자와 연구수행에 대한 대가를 지급하는 내용의 계약을 체결하는 방식으로 추진하는 사업을 말한다.

(2) 연구자의 의의

연구자란 「국가를 당사자로 하는 계약에 관한 법률」(이하 "「국가계약법」"이라 한다)에 따라 국가와 정책연구에 관한 계약을 체결하는 단체 또는 개인을 말하며, 중앙행정기관의 과제담당관 또는 계약담당관은 「국가계약법」에서 정한 바에 따라 공정하고 투명한 방법으로 연구자를 선정해야 한다.

2. 선정방법

정책연구는 「국가계약법」에 따라 2단계 경쟁 등의 입찰, 협상에 의한 계약 등 경쟁에 의한 방법으로 연구자를 선정한다.

(1) 2단계 경쟁 등의 입찰

미리 적절한 규격 등의 작성이 곤란하거나 기타 계약의 특성상 필요하다고 인정되는 경우 규격 또는 기술 입찰 실시 후 가격 입찰 실시 가능

(2) 제한경쟁 입찰

특수한 기술이 요구되는 연구계약의 경우 해당 연구과제와 같은 종류의 수행실적과 수행에 필요한 기술 보유 상황으로 경쟁 참가자격 제한 가능

(3) 협상에 의한 계약

계약이행의 전문성·기술성·긴급성·공공시설물의 안정성 및 그 밖에 국가안보 목적 등의 이유로 필요하다고 인정되는 경우 다수의 공급자로부터 제안서를 제출받아 평가하여 협상 적격자를 선정한 후 협상절차를 통해 국가에 가장 유리하다고 인정되는 자와 계약 체결 가능

3. 위원회 심의 생략

다음에 따라 경쟁입찰에 의한 방법으로 연구자를 선정할 경우 위원회의 심의를 생략할 수 있다.

(1) 「국가계약법」 제7조 본문에 따른 일반경쟁 방식으로 연구자를 선정하는 경우

(2) 「국가계약법 시행령」 제13조에 따라 입찰참가자격 사전심사를 하는 경우

(3) 「국가계약법 시행령」 제43조 제1항에 따라 제안서를 제출받아 평가하는 경우

4. 선정절차

(1) 과제담당관 계약 요청

정책연구과제가 선정되면 과제담당관은 과제에 대한 사업계획서, 제안요청서, 산출내역서 등을 작성한 후 기관별 일상감사 실시지침에 따라 일상감사를 거쳐 계약부서에 계약을 요청한다.

(2) 계약체결

계약체결 요청을 받은 계약부서는 입찰공고 후 입찰에 응한 자를 상대로 제안서 평가 및 가격 평가를 실시한 후 낙찰자를 결정하고 계약을 체결한다.

66 수의계약에 의한 연구자 선정절차에 대하여 약술하시오. (20점)

1. 정책연구와 연구자의 의의

(1) 정책연구의 개념

정책연구란 중앙행정기관이 정책의 개발 또는 주요 정책 현안에 대한 조사·연구 등을 목적으로 정책연구과제를 선정하고, 정책연구를 수행할 자와 연구수행에 대한 대가를 지급하는 내용의 계약을 체결하는 방식으로 추진하는 사업을 말한다.

(2) 연구자의 의의

연구자란 「국가를 당사자로 하는 계약에 관한 법률」에 따라 국가와 정책연구에 관한 계약을 체결하는 단체 또는 개인을 말한다.

2. 수의계약의 대상

「국가를 당사자로 하는 계약에 관한 법률 시행령」 제26조에 따라 계약의 목적·성질 등에 비추어 경쟁에 따라 계약을 체결하는 것이 비효율적이라고 판단되는 경우로서 추정가격이 2천만 원 이하인 용역계약, 추정가격이 2천만 원 초과 1억 원 이하인 계약 중 학술연구 등과 관련된 계약으로서 특수한 지식·기술 또는 자격을 요구하는 용역계약 등은 수의계약을 할 수 있다.

3. 연구자에 대한 위원회 심의

(1) 정책연구 추진 시 수의계약으로 연구자를 선정할 때에는 계약체결 전에 위원회를 개최하여 다음 사항을 심의한 후 심의결과서를 작성하여야 한다.

① 연구자 선정을 위한 계약방법이 적합한가?
② 연구자는 연구수행을 위한 전문 능력을 갖추고 있는가?
③ 연구자가 제안한 연구계획은 정책연구의 목적에 부합하는가?
④ 연구자가 제안한 연구계획은 타당성·실현 가능성이 있는가?
⑤ 연구자가 책정한 연구비는 적정한가?
⑥ 그 밖에 연구자 선정에 관하여 중요하다고 판단되는 사항

(2) 위원회의 심의를 거쳐야 하는 경우에는 위원회 대신 소위원회를 활용하여 심의할 수 있으며, 이 경우 소위원회는 심의결과를 위원회에 제출해야 한다.

4. 계약체결 요청

위원회에서 연구자가 선정되면 계약부서에 정책연구과제에 대한 사업계획서 등 계약 관계서
류를 첨부하여 계약체결을 요청한다.

5. 과제 및 연구자 선정결과 등록

과제담당관은 정책연구과제와 연구자가 선정되면 그 결과를 정책연구관리시스템에 등록하여
야 한다.

67 정책연구의 진행절차에 대하여 약술하시오. (20점)

1. 정책연구 착수

(1) 착수보고회 개최

과제담당관은 연구자가 선정되면 연구자와 합동으로 착수보고회를 개최하여 과업내용과 추진일정 등을 상호 협의한 후, 연구자로부터 착수보고회 결과를 반영한 수행계획서를 제출받아 연구 진행상황을 관리할 수 있다.

(2) 서약서 접수

과제담당관은 정책연구의 위조, 변조, 표절, 부당한 저자 표기 등 부정행위를 사전에 방지하기 위하여 연구자로 하여금 정책연구 윤리 준수 서약서를 제출받아야 한다.

2. 정책연구 수행

연구자는 정책연구 윤리 자가점검표와 정책연구 윤리 점검기준을 고려하여 연구를 수행한다. 과제담당관은 연구자가 속한 연구기관에게 연구자에 대한 연구윤리 교육을 실시하게 하고, 연구자의 연구윤리 준수 의무를 일차적으로 관리·감독하게 한다.

3. 중간점검

(1) 중간점검 실시

과제담당관은 정책연구 계약서에서 정한 연구기간 중에 필요한 경우 다음 사항을 고려하여 연구 진행상황을 중간점검하고 연구자와 향후 연구 일정을 협의한 후 점검결과서를 작성하여 정책연구관리시스템에 등록한다.

① 정책연구의 목적에 부합하는가?
② 연구 범위, 내용 등에 있어 계약을 위반하지는 않았는가?
③ 일정계획에 따라 연구가 차질 없이 진행되고 있는가?
④ 연구 결과가 부실하게 나타날 우려는 없는가?

(2) 점검결과 보완 요구

과제담당관은 중간점검 결과, 연구자가 연구계획서상의 연구일정 이행을 태만히 하거나 연구 진행상황이 연구의 목적에 부합하지 아니한다고 판단되는 경우에는 해당 연구자에 대하여 시정 또는 보완을 요구하여야 한다.

(3) 중간점검결과 등록

과제담당관은 중간점검이 완료되면 중간점검결과를 정책연구관리시스템에 등록하여야 한다.

4. 정책연구의 평가 및 관리

(1) 연구결과의 평가

정책연구 종료 후 연구결과에 대한 평가는 과제담당관과 과제담당관이 지정한 외부전문가 1명이 공동으로 평가하는 방법이나 외부전문가가 참석하는 정책연구 완료 보고회를 개최하여 평가하는 방법으로 하여야 한다.

(2) 평가결과 보고 및 공개

정책연구과제의 평가가 완료되면 과제담당관은 평가결과서를 위원회에 제출하고, 정책연구관리시스템을 통해 평가결과와 연구보고서를 공개하여야 한다. 평가결과 및 연구보고서는 과제담당관이 정책연구관리시스템에 등록하면 대국민 포털을 통해 공개된다.

(3) 연구결과물 발간 및 사후관리

행정기관은 정책연구결과를 「공공기록물 관리에 관한 법률」 제18조에 따라 기록물로 등록하여 관리하여야 하고, 간행물로 발간하려는 경우에는 같은 법 제2조에 따라 관리하여야 한다.

5. 정책연구결과의 활용

(1) 연구결과의 활용상황 점검

과제담당관은 정책연구 종료일부터 6개월 이내에 정책연구결과 활용상황을 점검하여야 한다. 이 경우 정책연구결과 활용상황 점검에 관한 사항은 위원회의 심의를 거쳐야 한다.

⑵ 활용결과의 등록 및 공개

과제담당관은 활용결과를 정책연구관리시스템에 등록하여야 한다.

① 활용 구분
  ㉠ 법령 제·개정
  ㉡ 제도개선 및 정책반영
  ㉢ 정책참조

② 과제활용
  활용결과 요약 등록

③ 활용결과 보고서
  서식에 따라 작성된 활용결과 보고서 파일 등록

제3절 영상회의

문18 **영상회의의 의의, 설치·운영 약술**

---

1. 영상회의의 의의

2. 설치·운영

3. 영상회의실 지정
(1) 행안부장관 직접 설치·운영, 지정
(2) 영상회의실 운영기관장, 다른 기관 영상회의실 요청 시 협조

문19 **정부영상회의실 이용 절차 약술**

---

1. 이용 요청
행안부장관 영 제57조 제1항 규정 회의 개최 시

2. 사용 신청
회의 개최 2일 전까지 정부청사관리소장

3. 이용 절차
사용 가능 여부 사전협의 및 사용신청서 제출, 회의진행 관련서류 등 팩스 또는 정보통신망
이용 회의 개최 2일 전까지 제출

문20 정부청사 관리소장 조치사항

1. 조치사항
(1) 정부영상회의시스템 관리책임자 및 운영자 지정

(2) 정부영상회의실 및 정부영상회의시스템 보안대책 수립

(3) 각종 회의용 기자재의 제공 및 정부영상회의 운영 지원

(4) 그 밖에 운영 위한 필요사항

2. 정부영상회의실 운영요원 배치
서울청사, 과천청사, 대전청사, 세종청사 배치

(1) 정부영상회의시스템 및 관련 장비 운영·관리

(2) 각종 전용회선의 관리

(3) 정부영상회의실 보안관리

(4) 그 밖에 운영 위한 필요사항

68 영상회의실의 설치 · 운영에 대하여 약술하시오. (20점) 2018, 2021 기출

1. 영상회의 의의

정보통신(ICT)을 기반으로 원거리에 있는 사람들과 일대일 또는 다자간 등 다양한 방식으로 진행하는 실시간 회의로 참석자의 영상과 음성뿐 아니라 문서, 이미지, 동영상 등의 회의자료 공유도 가능하다.

2. 정부영상회의실 설치 · 운영 및 지정

(1) 영상회의실 설치 · 운영

행정기관의 장은 다음의 회의를 개최하기 위하여 정부영상회의실을 설치 · 운영할 수 있다.
① 국무회의 및 차관회의
② 장관 · 차관이 참석하는 회의
③ 둘 이상의 정부청사에 위치한 기관 간에 개최하는 회의
④ 정부청사에 위치한 기관과 지방자치단체 간에 개최하는 회의
⑤ 그 밖에 원격지(遠隔地)에 위치한 기관 간 회의

(2) 영상회의실의 지정

행정안전부장관은 회의를 개최하기 위하여 정부영상회의실을 설치 · 운영하거나 행정기관이 공동으로 사용할 수 있는 영상회의실을 지정할 수 있다. 이 경우 행정안전부장관은 원활한 공동사용을 위하여 필요한 지원을 할 수 있다. 또한, 이용 편의를 높이기 위하여 공통기반 및 통합 이용 시스템을 구축 · 운영할 수 있다.

69 영상회의와 관련, 정부영상회의실 사용 신청과 정부청사관리소장의 조치사항 및 운영요원의 배치 등에 관하여 약술하시오. (20점) ^{2021 기출}

1. 정부영상회의실 이용 요청

행정안전부장관은 회의를 주관하는 관계 행정기관의 장에게 정부영상회의실을 이용하여 회의를 개최할 것을 요청할 수 있다. 이 경우 행정기관의 장은 특별한 사유가 없으면 요청에 따라야 한다.

2. 정부영상회의실 사용 신청

정부영상회의실을 사용하려는 기관은 회의 개최일 2일 전까지 정부청사관리소장에게 사용신청을 하여야 하며, 정부청사관리소장은 정부영상회의실의 사용 가능 여부를 지체 없이 통보하여야 한다.

3. 정부영상회의실 이용 절차

(1) 정부영상회의실을 이용하고자 하는 기관은 정부청사관리소장과 사용 가능 여부(사용의 적정성, 예약상황, 시스템 정상 여부, 기자재 준비사항, 회의보안) 등에 관하여 사전에 협의하여야 한다.

(2) 정부영상회의실 사용은 문서 또는 정부영상회의실 사용신청서(규칙 별지 제11호 서식)로 신청하여야 하며, 회의진행에 필요한 서류는 팩스 또는 정보통신망을 이용하여 회의 개최일 2일 전까지 정부청사관리소장에게 제출하여야 한다.

4. 정부청사관리소장 조치사항

정부청사관리소장은 정부영상회의실의 관리·운영을 위하여 다음의 조치를 하여야 한다.

(1) 정부영상회의시스템의 관리책임자 및 운영자 지정

(2) 정부영상회의실 및 정부영상회의시스템 보안대책의 수립

(3) 각종 회의용 기자재의 제공 및 정부영상회의 운영의 지원

(4) (1)부터 (3)까지에서 규정한 사항 외에 정부영상회의실 관리·운영에 필요한 사항

5. 정부영상회의실 운영요원

정부청사관리소장은 다음의 업무를 담당하는 정부영상회의실 운영요원을 정부서울청사, 정부과천청사, 정부대전청사 및 정부세종청사 등에 배치하여야 한다.

⑴ 정부영상회의시스템 및 관련 장비의 운영·관리

⑵ 각종 전용회선의 관리

⑶ 정부영상회의실의 보안관리

⑷ ⑴부터 ⑶까지에서 규정한 사항 외에 정부영상회의 운영을 위하여 필요한 업무

07 행정업무의 관리

문1 업무분장의 의의, 인계·인수 절차 약술

1. 업무의 분장

각 처리과 장, 효율적 업무수행 및 책임소재 명확

2. 인계·인수 절차

(1) 사전준비

(2) 업무자료 정리

(3) 인계·인수서 작성

(4) 대면 인계·인수 진행

(5) 인계·인수서 확인

(6) 사후관리

문2 인계·인수 개요 및 인계·인수서 작성내용 약술

1. 인계·인수 개요

(1) 조직개편, 인사발령 등 업무관리시스템 등 이용 인계·인수

(2) 인계·인수서 작성(인계자)

(3) 직무 대리자 인계

2. 인계·인수서 작성내용
(1) 업무 현황
① 담당 업무
② 주요 업무계획 및 진행사항
③ 현안사항 및 문제점
④ 주요 미결사항

(2) 관련문서 현황

(3) 주요 물품 및 예산 등 인계·인수가 필요한 사항

(4) 그 밖의 참고사항

3. 인계·인수서 작성
(1) 인계자 작성
(2) 인수자, 입회자 확인
(3) 입회자 검토
(4) 인계자, 인수자, 입회자 서명

문3 **업무편람의 개념, 종류, 작성 약술**

1. 업무편람의 개념

2. 종류
(1) 행정편람

(2) 직무편람

3. 작성원칙

문4 직무편람 작성내용과 업무편람의 작성 및 활용효과 약술

1. 직무편람 작성내용
인계 · 인수 시 직무편람 함께 인계 · 인수

(1) 업무 연혁, 관련 업무 현황 및 주요 업무계획

(2) 업무 처리절차 및 흐름도

(3) 소관 보존문서 현황

(4) 그 밖에 참고사항

2. 업무편람 작성 및 활용효과
(1) 작성효과

① 현재 업무 상태 파악

② 사무 표준화 · 단순화 · 전문화

③ 현재 불합리한 점 개선

(2) 활용효과

① 사무활동 목표, 방침, 기준 제시

② 사무 통제 지침

③ 사무 혼란, 불확실 및 중복 제거

④ 교육훈련 위한 실효성

⑤ 관리층 및 부하직원 간 조직 협력 증진

문5 **정책실명제의 개념과 실현방안 약술**

1. 정책실명제의 개념

2. 실현방안
(1) 주요 정책 자료의 종합적 기록 · 보존

(2) 기록 · 보존의 주체

(3) 보존방법
정책결정 관련 공문서 편철 원칙

문6 **정책실명제 책임관, 중점관리 대상사업 약술**

1. 정책실명제 책임관
(1) 지정

(2) 임무 (계, 사, 평, 육)

2. 중점관리 대상사업 선정 (현, 대, 연, 법, 국)

⑴ 대상사업 선정

⑵ 심의위원회 심의, 선정

⑶ 추진실적 공개

해당 기관 홈페이지 원칙 공개, 비공개 예외(정보공개법 제9조)

70 행정업무의 관리와 관련하여 업무의 인계·인수에 대하여 약술하시오.
(20점) 2021, 2022 기출

1. 업무의 인계·인수

(1) 공무원이 조직개편, 인사발령 또는 업무분장 조정 등의 사유로 업무를 인계·인수할 때에는 해당 업무에 관한 모든 사항이 구체적으로 나타나도록 행정안전부령으로 정하는 바에 따라 업무관리시스템이나 전자문서시스템을 이용하여 인계·인수서를 작성하여 인계·인수하여야 한다.

(2) 후임자가 정해지지 아니한 경우와 그 밖의 특별한 사유로 후임자에게 업무를 인계할 수 없는 경우에는 그 직무를 대리하는 사람에게 인계하고, 그 직무를 대리하는 사람은 후임자가 업무를 인수할 수 있게 되었을 때에 즉시 인계하여야 한다.

2. 인계·인수서 작성

업무관리시스템이나 전자문서시스템을 이용하여 인계·인수하는 사람은 규칙 별지 제12호 서식의 인계·인수서를 작성하여야 한다.

(1) 작성내용

① 담당 업무
② 주요 업무계획 및 진행사항
③ 현안사항 및 문제점
④ 주요 미결사항
⑤ 관련 문서 현황
⑥ 주요 물품 및 예산 등 인계·인수가 필요한 사항
⑦ 그 밖의 참고사항

(2) 인계·인수서 작성

① 인계자는 규칙 별지 제12호 서식을 활용하여 인계·인수서를 작성한다.
② 작성된 인계·인수서에 서명할 인수자와 입회자(직근 상급자 등)를 확인한다.
③ 작성된 인계·인수서는 일차적으로 상급자인 입회자에게 먼저 검토를 받을 필요가 있으며, 입회자는 인계·인수 항목이 충실히 기록되었는지 확인하고 수정 및 보완을 위한 의견을 제시할 수 있다.
④ 인계자는 입회자의 검토를 받은 인계·인수서에 서명한다.

3. 인계 · 인수 절차

(1) 인계 · 인수 사전준비

(2) 업무자료 정리

(3) 인계 · 인수서 작성

(4) 대면 인계 · 인수 진행

(5) 인계 · 인수서 확인

(6) 인계 · 인수 사후관리

71 업무편람의 종류와 작성 및 활용효과에 대하여 약술하시오. (20점)

2020 기출

1. 업무편람의 의의

업무편람이란 업무수행에 합리적인 방향 및 기준을 제시하여 주는 것으로서, 조직의 방침과 기능, 업무처리의 절차와 방법, 준수하여야 할 제 원칙, 기타 사무와 관련된 자료 등을 단순화하고 표준화하여 이해하기 쉽고 업무처리에 편리하도록 작성한 업무지침서를 말한다.

2. 업무편람의 종류

행정기관에서 발간·배포하여 활용하는 행정편람과 부서별로 작성·활용하는 직무편람으로 크게 구분한다.

(1) 행정편람

행정편람이란 업무처리의 기준과 절차, 장비 운용 방법, 그 밖의 일상적 근무규칙 등에 관하여 각 업무 담당자에게 필요한 지침·기준 또는 지식을 제공하는 업무지도서나 업무참고서를 말하며, 행정기관의 명의로 발간한다.

(2) 직무편람

직무편람은 부서별로 그 소관 단위업무에 대한 업무계획, 업무 현황 및 그 밖의 참고자료 등을 체계적으로 정리하여 활용하는 업무 현황철이나 참고철을 말하며, 다음의 사항을 포함하여 작성되어야 한다. 업무를 인계·인수할 때에는 직무편람을 함께 인계·인수하여야 한다.

① 업무 연혁, 관련 업무 현황 및 주요 업무계획
② 업무의 처리절차 및 흐름도
③ 소관 보존문서 현황
④ 그 밖의 업무처리에 필요한 참고사항

3. 업무편람의 작성

행정기관이 상당 기간에 걸쳐 반복적으로 하는 업무는 그 업무의 처리가 표준화·전문화될 수 있도록 업무편람을 작성하여 활용하는 것을 원칙으로 한다.

4. 업무편람 작성 및 활용효과

(1) 작성효과

① 현재의 업무 상태를 파악할 수 있다.

② 업무의 표준화·단순화·전문화를 촉진한다.

③ 기타 현재의 불합리한 점을 발견하여 개선할 수 있다.

(2) 활용효과

① 업무활동의 목표와 방침의 기준을 세워 준다.

② 업무를 통제하는 데 필요한 적절한 지침을 준다.

③ 업무의 혼란, 불확실성 및 중복을 줄일 수 있다.

④ 교육훈련을 위한 실효성이 있는 교재가 된다.

⑤ 관리층과 부하직원 상호 간 또는 각 조직 간의 협력을 증진한다.

⑥ 그 밖에 업무 효율성 증진에 대한 관심을 높여 준다.

72 정책실명제의 개념과 실현방안에 대하여 약술하시오. (20점) 2019 기출

1. 정책실명제의 개념

정책실명제란 정책의 투명성과 책임성을 높이기 위하여 행정기관에서 소관 업무와 관련하여 수립·시행하는 주요 정책의 결정 및 집행 과정에 참여하는 관련자의 실명과 의견을 기록·관리하는 제도를 말한다.

2. 정책실명제의 실현방안

(1) 주요 정책 자료의 종합적 기록·보존

① 행정기관의 장은 주요 정책의 결정이나 집행과 관련되는 다음의 사항을 종합적으로 기록·관리하여야 한다.

㉠ 주요 정책의 결정과 집행과정에 참여한 관련자의 소속, 직급 또는 직위, 성명과 그 의견

㉡ 주요 정책의 결정이나 집행과 관련된 각종 계획서, 보고서, 회의·공청회·세미나 관련 자료 및 그 토의내용

② 행정기관의 장은 주요 정책의 결정을 위하여 회의·공청회·세미나 등을 개최하는 경우에는 일시, 참석자, 발언내용, 결정사항, 표결내용 등을 처리과의 직원으로 하여금 기록하게 하여야 한다.

(2) 기록·보존의 주체

각급 기관은 정책실명제 주관부서 및 담당자를 지정·운영하고, 기록·보존의 주체는 처리과(정책 또는 사업담당 주관부서)로 한다.

(3) 보존방법

보존방법은 정책결정 관련 공문서와 함께 철하는 것을 원칙으로 하고, 양이 많을 때에는 별도로 편철하도록 한다.

73 정책실명제 책임관과 중점관리 대상사업 선정에 대하여 약술하시오.
(20점) 2019 기출

1. 정책실명제 책임관

(1) 지정

행정기관의 장은 해당 기관의 정책실명제를 효율적으로 운영하기 위하여 기획조정실장 등 해당 기관의 기획 업무를 총괄하는 직위에 있는 공무원을 정책실명제 책임관으로 지정하여야 한다.

(2) 정책실명제 책임관의 임무

정책실명제 책임관은 다음의 임무를 수행한다.

① 해당 기관의 정책실명제 활성화 계획 수립 및 시행
② 해당 기관의 정책실명제 대상사업 선정 및 추진실적 공개
③ 자체 평가 및 교육
④ 그 밖에 해당 기관의 정책실명제 운영을 위하여 필요한 업무

2. 중점관리 대상사업 선정

(1) 대상사업 선정

행정기관의 장은 다음 사항 중에서 정책실명제 중점관리 대상사업을 선정하여 관리하여야 한다.

① 주요 국정 현안에 관한 사항
② 대규모 예산이 투입되는 사업
③ 일정 규모 이상의 연구용역
④ 법령 또는 자치법규의 제정·개정 및 폐지
⑤ 「행정업무의 운영 및 혁신에 관한 규정」에 따라 행정안전부장관이 정한 절차에 따라 국민이 신청한 사업
⑥ 그 밖에 중점관리가 필요한 사업

(2) 심의위원회 심의

행정기관의 장은 정책실명제 중점관리 대상사업 선정을 위하여 자체 세부 기준을 마련하고, 심의위원회를 구성하여 심의를 거친 후 대상사업을 선정하여야 한다.

(3) 정책실명제 중점관리 대상사업의 추진실적 공개

행정기관의 장은 정책실명제 중점관리 대상사업의 추진실적을 해당 기관의 인터넷 홈페이지 등을 통하여 공개하여야 한다. 다만, 「공공기관의 정보공개에 관한 법률」 제9조에 따른 비공개 대상 정보에 해당하는 경우에는 그러하지 아니하다.

74 행정업무 운영교육 및 감사에 대한 내용과, 결재받은 문서를 등록하지 아니한 경우 등 해당 공무원의 징계조치에 관한 내용을 기술하시오.
(20점)

1. 행정업무 운영에 관한 교육

행정기관의 장은 소속 공무원에 대하여 매년 1회 이상 행정업무의 효율성 증진을 위한 교육을 하여야 한다.

2. 행정업무 운영에 관한 감사

행정안전부장관이 필요하다고 인정하면 국무총리의 명을 받아 각급 행정기관에 대하여 이 영에서 규정하는 업무운영에 관한 감사를 할 수 있다.

3. 문서 미등록자 등에 대한 조치

행정기관의 장은 다음 각 호의 어느 하나에 해당하는 공무원에게 징계나 그 밖에 필요한 조치를 하여야 한다.

⑴ 결재받은 문서를 등록하지 아니한 사람

⑵ 훈령이나 규칙으로 정한 결재권자를 상향 또는 하향 조정하여 기안하거나 검토·결재를 한 사람

⑶ 관인을 부당하게 사용한 사람

⑷ 업무 협조 지연의 책임이 있는 사람

⑸ 공무가 아닌 목적으로 업무관리시스템이나 전자문서시스템을 이용한 사람

행정사
이상기 사무관리론

PART

02

민원처리에 관한 법령

01 민원행정일반

문1 민원의 종류 약술

1. 일반민원

(1) 법정민원

(2) 질의민원

(3) 건의민원

(4) 기타민원

2. 고충민원

문2 민원인의 정의, 해당하지 않은 경우 약술

1. 민원인

2. 제외
(1) 행정기관
   개인 경제 주체 예외

(2) 행정기관과 사법상 계약 체결자

(3) 성명, 주소 불상자

문3 행정기관 종류 약술

1. 국회, 법원, 헌재, 중앙선관위 행정사무 처리기관, 중앙행정 기관 및 소속기관, 지자체 및 소속기관

2. 공공기관
(1) 「공공기관 운영법」 제4조 법인·단체 또는 기관
(2) 「지방공기업법」상 지방공사·공단
(3) 특별법상 특수법인
(4) 각급 학교
(5) 대통령령 규정 법인·단체 또는 기관(정부 출연 연구기관)

3. 공무수탁 법인·단체 또는 그 기관이나 개인

문4 민원처리 담당자 의무와 보호조치 약술

1. 민원처리 담당자 의무

2. 민원처리 담당자 보호

3. 보호조치 요구

4. 불이익 금지

5. 보호조치
⑴ 안전장비 설치 및 안전요원 배치

⑵ 영상, 음성녹음장비 운영

⑶ 민원인 퇴거 · 일시적 출입제한

⑷ 담당자 분리 또는 업무 일시중단

⑸ 폭언 · 폭행 등으로 인한 신체적 · 정신적 피해 치료 및 상담 지원

⑹ 민원인 수사기관 고발

⑺ 민원인 고소를 위한 행정적 · 절차적 지원

⑻ 고소 · 고발, 손배청구 시 증거물 등 제출 지원

⑼ 전화 또는 면담 1회당 권장시간 설정

⑽ 전화 · 면담 종료

6. 전담부서 지정 및 소송비용 등 지원

7. 인사조치 시 발생 경위 고려

01 「민원 처리에 관한 법률」의 목적과 민원의 종류에 대하여 약술하시오. (20점)

1. 목적

「민원 처리에 관한 법률」은 민원 처리에 관한 기본적인 사항을 규정하여 민원의 공정하고 적법한 처리와 민원행정제도의 합리적 개선을 도모함으로써 국민의 권익을 보호함을 목적으로 한다.

2. 민원의 종류

민원이란 민원인이 행정기관에 대하여 처분 등 특정한 행위를 요구하는 것을 말하며, 그 종류는 다음과 같다.

(1) 일반민원

① **법정민원** 2024 기출

법령·훈령·예규·고시·자치법규 등(이하 "관계법령 등"이라 한다)에서 정한 일정 요건에 따라 인가·허가·승인·특허·면허 등을 신청하거나 장부·대장 등에 등록·등재를 신청 또는 신고하거나 특정한 사실 또는 법률관계에 관한 확인 또는 증명을 신청하는 민원을 말한다.

② **질의민원**

법령·제도·절차 등 행정업무에 관하여 행정기관의 설명이나 해석을 요구하는 민원을 말한다.

③ **건의민원**

행정제도 및 운영의 개선을 요구하는 민원을 말한다.

④ **기타민원**

법정민원, 질의민원, 건의민원 및 고충민원 외에 행정기관에 단순한 행정절차 또는 형식요건 등에 대한 상담·설명을 요구하거나 일상생활에서 발생하는 불편사항에 대하여 알리는 등 행정기관에 특정한 행위를 요구하는 민원을 말한다.

(2) 고충민원 2024 기출

행정기관 등의 위법·부당하거나 소극적인 처분(사실행위 및 부작위를 포함한다) 및 불합리한 행정제도로 인하여 국민의 권리를 침해하거나 국민에게 불편 또는 부담을 주는 사항에 관한 민원(현역장병 및 군 관련 의무복무자의 고충민원을 포함한다)을 말한다(「부패방지 및 국민권익위원회의 설치와 운영에 관한 법률」 제2조 제5호).

> **02** 국민이 행정기관에 특정한 행위를 요구하는 의사표시에 대응하는 활동
> 인 민원행정은 민주행정의 가장 중요한 사무로 볼 수 있다. 일반민원의
> 종류를 설명하고, 각각의 종류에 따른 처리기간에 관하여 기술하시오.
> (20점) **2017 기출**

1. 민원의 의의

민원이란 민원인이 행정기관에 대하여 처분 등 특정한 행위를 요구하는 것을 말한다.

2. 일반민원의 종류 및 처리기간

(1) 법정민원

① 법정민원의 개념

법령·훈령·예규·고시·자치법규 등(이하 "관계법령 등"이라 한다)에서 정한 일정
요건에 따라 인가·허가·승인·특허·면허 등을 신청하거나 장부·대장 등에 등록·
등재를 신청 또는 신고하거나 특정한 사실 또는 법률관계에 관한 확인 또는 증명을
신청하는 민원을 말한다.

② 처리기간

㉠ 법정민원 처리기간 설정·공표 : 행정기관의 장은 법정민원을 신속히 처리하기 위
하여 행정기관에 법정민원의 신청이 접수된 때부터 처리가 완료될 때까지 소요되
는 처리기간을 법정민원의 종류별로 미리 정하여 공표하여야 한다.

㉡ 기관별 처리기간 구분 : 행정기관의 장은 법정민원의 처리기간을 정할 때에는 접수
기관·경유기관·협의기관(다른 기관과 사전협의가 필요한 경우만 해당한다) 및
처분기관 등 각 기관별로 처리기간을 구분하여 정하여야 한다.

㉢ 민원편람 수록 : 행정기관의 장은 법정민원의 처리기간을 민원편람에 수록하여야
한다.

(2) 질의민원

① 질의민원의 개념

법령·제도·절차 등 행정업무에 관하여 행정기관의 설명이나 해석을 요구하는 민원
을 말한다.

② 처리기간

행정기관의 장은 질의민원을 접수한 경우에는 특별한 사유가 없으면 다음의 기간 이내에 처리하여야 한다.

㉠ 법령에 관하여 설명이나 해석을 요구하는 질의민원: 14일 이내

㉡ 제도·절차 등 법령 외의 사항에 관하여 설명·해석을 요구하는 질의민원: 7일 이내

(3) 건의민원

① 건의민원의 개념

행정제도 및 운영의 개선을 요구하는 민원을 말한다.

② 처리기간

행정기관의 장은 건의민원을 접수한 경우에는 특별한 사유가 없으면 14일 이내에 처리하여야 한다.

(4) 기타민원

① 기타민원의 개념

법정민원, 질의민원, 건의민원 및 고충민원 외에 행정기관에 단순한 행정절차 또는 형식요건 등에 대한 상담·설명을 요구하거나 일상생활에서 발생하는 불편사항에 대하여 알리는 등 행정기관에 특정한 행위를 요구하는 민원을 말한다.

② 처리기간

행정기관의 장은 기타민원을 접수한 경우에는 특별한 사유가 없으면 즉시 처리하여야 한다.

03 민원인과 행정기관의 종류, 처분 및 복합민원의 정의에 대하여 약술하시오. (20점) 2023 기출

1. 민원인

(1) 민원인의 개념

민원인이란 행정기관에 민원을 제기하는 개인·법인 또는 단체를 말한다. 다만 행정기관, 행정기관과 사법(私法)상 계약관계(민원과 직접 관련된 계약관계만 해당한다)에 있는 자, 성명·주소 등이 불명확한 자 등은 제외한다.

(2) 민원인 제외 대상

① 행정기관에 처분 등 특정한 행위를 요구하는 행정기관[행정기관이 사경제(私經濟)의 주체로서 요구하는 경우는 제외한다]

② 행정기관과 사법상의 계약관계가 있는 자로서 계약관계와 직접 관련하여 행정기관에 처분 등 특정한 행위를 요구하는 자(민원과 직접 관련된 계약관계만 해당한다)

③ 행정기관에 처분 등 특정한 행위를 요구하는 자로서 성명·주소(법인 또는 단체의 경우에는 그 명칭, 사무소 또는 사업소의 소재지와 대표자의 성명) 등이 불명확한 자

2. 행정기관의 종류

(1) 국회·법원·헌법재판소·중앙선거관리위원회의 행정사무를 처리하는 기관, 중앙행정기관(대통령 소속기관과 국무총리 소속기관을 포함한다)과 그 소속기관, 지방자치단체와 그 소속기관

(2) 공공기관

① 「공공기관의 운영에 관한 법률」 제4조에 따른 법인·단체 또는 기관

② 「지방공기업법」에 따른 지방공사 및 지방공단

③ 특별법에 따라 설립된 특수법인

④ 「초·중등교육법」·「고등교육법」 및 그 밖의 다른 법률에 따라 설치된 각급 학교

⑤ 그 밖에 대통령령으로 정하는 법인·단체 또는 기관(정부출연 연구기관)

(3) 법령 또는 자치법규에 따라 행정권한이 있거나 행정권한을 위임 또는 위탁받은 법인·단체 또는 그 기관이나 개인

3. 처분

'처분'이란 행정청이 행하는 구체적 사실에 관한 법 집행으로서의 공권력의 행사 또는 그 거부와 그 밖에 이에 준하는 행정작용(行政作用)을 말한다.

4. 복합민원

'복합민원'이란 하나의 민원목적을 실현하기 위하여 관계법령 등에 따라 여러 관계기관(민원과 관련된 단체·협회 등을 포함한다) 또는 관계부서의 허가·인가·승인·추천·협의 또는 확인 등을 거쳐 처리되는 민원을 말한다.

04 민원을 신청·처리함에 있어 민원처리의 원칙과 민원인 등의 정보보호, 민원의 날에 관하여 약술하시오. (20점) 2016 기출

1. 민원처리의 원칙

(1) 민원 지연처리 금지원칙

행정기관의 장은 관계법령 등에서 정한 처리기간이 남아 있다거나 그 민원과 관련 없는 공과금 등을 미납하였다는 이유로 민원처리를 지연시켜서는 아니 된다. 다만, 다른 법령에 특별한 규정이 있는 경우에는 그에 따른다.

(2) 민원처리절차 강화 금지원칙

행정기관의 장은 법령의 규정 또는 위임이 있는 경우를 제외하고는 민원처리의 절차 등을 강화하여서는 아니 된다.

2. 민원인 등의 정보보호

행정기관의 장은 민원처리와 관련하여 알게 된 민원의 내용과 민원인 및 민원의 내용에 포함되어 있는 특정인의 개인정보 등이 누설되지 아니하도록 필요한 조치를 강구하여야 하며, 수집된 정보가 민원처리의 목적 외의 용도로 사용되지 아니하도록 하여야 한다.

(1) 정보보호 실태 확인·점검 및 교육

행정기관의 장은 정보보호의 실태를 확인·점검하고, 민원을 처리하는 담당자에게 연 1회 이상 정보보호에 필요한 교육을 실시하여야 한다.

(2) 징계 등 조치

행정기관의 장은 확인·점검 결과 법령 위반 사실을 발견하거나 정보보호 조치가 미흡하다고 판단되는 경우에는 지체 없이 이를 시정하고, 담당자에 대하여 징계 또는 그 밖에 필요한 조치를 하여야 한다.

3. 민원의 날

(1) 민원에 대한 이해와 인식 및 민원처리 담당자의 자긍심을 높이기 위하여 매년 11월 24일을 민원의 날로 정한다.

(2) 국가와 지방자치단체는 민원의 날의 취지에 적합한 기념행사를 할 수 있다.

05 현행 「민원 처리에 관한 법률」 규정에 의한 민원처리 담당자의 의무와 보호규정과 관련된 내용을 기술하시오. (10점)

1. 민원처리 담당자의 의무

민원을 처리하는 담당자는 담당 민원을 신속·공정·친절·적법하게 처리하여야 한다.

2. 민원처리 담당자의 보호

행정기관의 장은 민원인 등의 폭언·폭행, 목적이 정당하지 아니한 반복 민원 등으로부터 민원처리 담당자를 보호하기 위하여 민원처리 담당자의 신체적·정신적 피해의 예방 및 치료 등 대통령령으로 정하는 필요한 조치를 하여야 한다.

3. 보호조치 요구

민원처리 담당자는 행정기관의 장에게 제2항에 따른 조치를 요구할 수 있다.

4. 불이익 금지

행정기관의 장은 제3항에 따른 민원처리 담당자의 요구를 이유로 해당 민원처리 담당자에게 불이익을 주어서는 아니 된다.

06 「민원 처리에 관한 법률 시행령」 규정에 의한 민원처리 담당자를 보호하기 위한 조치를 기술하시오. (30점)

1. 민원처리 담당자 보호조치

"민원처리 담당자의 신체적·정신적 피해의 예방 및 치료 등 대통령령으로 정하는 필요한 조치"란 다음의 조치를 말한다.

(1) 안전장비 설치 및 안전요원 배치

① 담당자의 안전을 보장하기 위한 영상정보처리기기·호출장치·보호조치음성안내 등 안전장비의 설치 및 안전요원 등의 배치

② 행정기관의 장은 민원실의 규모, 방문 민원인 수, 위법행위 발생 빈도 등을 고려하여 행정안전부장관이 정하는 인력을 안전요원 등으로 배치할 수 있다.

(2) 영상음성기록장비, 녹음전화 운영

민원인의 폭언·폭행 등을 방지하고 증거를 수집하기 위한 휴대용 영상음성기록장비, 녹음전화 등의 운영

(3) 민원인 퇴거·일시적 출입제한

다음 각 목의 어느 하나에 해당하는 행위로 민원 처리를 지연시키거나 방해하는 민원인에 대한 퇴거 또는 일시적 출입제한

① 폭언·폭행

② 무기·흉기 등 위험한 물건의 소지

③ 목적이 정당하지 않은 반복·중복 민원 제기를 통한 공무 방해 행위

④ 그 밖에 다른 민원인이나 담당자에게 신체적·정신적 피해를 입히는 행위

(4) 담당자 분리, 업무 일시중단

민원인의 폭언·폭행 등이 발생한 경우 민원인으로부터 담당자를 보호하기 위한 조치로서 담당자의 분리 또는 업무의 일시적 중단

(5) 치료 및 상담지원

민원인의 폭언·폭행 등으로 인한 신체적·정신적 피해의 치료 및 상담 지원

(6) 민원인 수사기관 고발

폭언·폭행 등 형사처벌 규정을 위반한 행위를 한 민원인에 대한 수사기관에의 고발

(7) **민원인 고소를 위한 행정적 · 절차적 지원**

담당자가 폭언 · 폭행을 한 민원인에 대한 고소를 희망하는 경우 해당 고소를 위한 행정적
· 절차적 지원

(8) **고소 · 고발, 손배청구 시 증거물 등 제출 지원**

민원인의 폭언 · 폭행 등으로 고소 · 고발 또는 손해배상 청구 등이 발생한 경우 담당자를
지원하기 위한 조치로서 관할 수사기관 또는 법원에 증거물 · 증거서류 제출 등 필요한
지원

(9) **전화 또는 면담 1회당 권장시간 설정**

민원인과의 전화 또는 면담에 대한 1회당 권장 시간 설정. 이 경우 민원별 특성을 고려하
여 권장 시간을 달리 설정할 수 있다.

(10) **전화 또는 면담 종료**

다음 각 목의 경우 전화나 면담의 종료 조치. 이 경우 그 조치 전에 해당 사유를 민원인에
게 고지해야 한다.
① 전화 또는 면담 중 민원인이 반복적 · 지속적으로 욕설, 협박 등 폭언을 하거나 모욕,
성희롱(성적인 언동 등을 통하여 성적 굴욕감 또는 혐오감을 느끼게 하는 행위를 말한
다)을 한 경우
② 권장 시간을 상당히 초과하여 공무를 방해한 경우

2. 전담부서 지정 및 소송비용 등 지원

행정기관의 장은 민원인과 담당자 간에 고소 · 고발 또는 손해배상 청구 등이 발생한 경우
이에 대응하는 업무를 총괄하는 전담부서를 지정해야 하고, 변호사 선임비용, 소송비용 등
소송 수행이나 수사 단계에서의 대응에 필요한 비용의 전부 또는 일부를 예산의 범위에서
지원할 수 있다.

3. 인사조치 시 발생 경위 고려

행정기관의 장은 민원처리 담당자의 민원처리 과정에서의 행위와 관련하여 인사상 불이익
조치 등을 하려는 경우에는 그 발생 경위 등을 충분히 고려해야 한다.

02 민원의 처리

문1 민원 신청 시 신청서 및 구비서류 제출 원칙 약술

1. 민원의 의의

2. 민원 신청

3. 신청서 및 구비서류 제출 원칙
(1) 기재사항 및 서식

(2) 구비서류 및 제출부수
  ① 구비서류

  ② 제출부수

문2 민원신청 증명 또는 구비서류 전자적 제출 약술

1. 증명서류 또는 구비서류 전자적 제출
(1) 민원인은 「전자정부법」 제2조 제7호, 제8호 전자문서 제출
(2) 대통령령 규정 전자문서 제출 불가

2. 전자적 제출의 예외(시행령)
(1) 정보시스템 미구축
(2) 시스템 장애
(3) 수신 전자문서 판독 불가
(4) 타법 규정

3. 제출방법 안내
제1항 사유 민원인 통지, 방문, 우편, 팩스 등 안내

4. 진본성 확인
(1) 확인 요청
행정기관장, 민원인 제출 전자(화)문서, 다른 행정기관 확인 요청

(2) 진본성 확인
확인 요청받은 기관

문3 민원접수방법과 절차 약술

1. 민원의 접수

2. 접수부서

3. 접수증 교부
(1) 기타 민원
(2) 비방문 민원
(3) 처리기간 즉시
(4) 접수증 갈음 문서 교부

4. 대표자 접수증 교부

5. 민원처리절차 등 안내

6. 민원인 등 신원확인

7. 동일취지 민원 병합접수

8. 전자민원창구 접수시한

9. 다수 민원인 중 대표자 선정

(1) 선정 요청

(2) 직권선정

문4 불필요한 서류 요구금지 약술(법 제10조 3항 규정)

1. 불필요한 서류 요구의 금지(법 제10조 제1항)
   구비서류 외의 서류를 추가 금지

2. 사본 허용(법 제10조 제2항)

3. 서류추가요구 금지(제3항 제1호 내지 제4호)
(1) 행정기관 발급 증명서 확인
(2) 공부(公簿) 또는 행정정보 공동이용 확인
(3) 행정정보 공동이용 확인
(4) 다른 행정기관 전자문서 발급 확인, 민원인이 행정기관 미리 수수료 납부

4. 관계법령 절차에 따른 확인 · 처리 간주

5. 수수료 감면

6. 행정정보 공동이용 민원종류 공표

7. 민원내용 변경, 갱신 시 서류추가요구 금지

문5 민원처리에 관한 법률 시행령 제7조의2(증명서류 또는 구비서류의 전자적 확인 등) 규정에 따른 전자문서 민원신청에 대한 내용 약술

1. 전자문서 민원신청(제1항 제1호 내지 제4호)

(1) 서류 발급기관 명칭

(2) 서류 명칭

(3) 서류 발급 필요 사무 명칭

(4) 기타 필요사항

2. 서류 등 우편 발송

3. 서류 발급 및 확인기간 처리기간 불산입

4. 수수료 송금

문6 민원인 요구에 의한 본인정보 공동이용 약술

1. 민원인 요구에 의한 본인정보 공동이용

2. 본인정보 제공

3. 본인요구 행정정보 종류 공표

4. 해당 정보 위·변조 방지

행안부장관

5. 수수료 감면

6. 민원인의 본인정보 증명

(1) 「전자정부법」에 따른 민원인의 본인 확인 방법

(2) 행정기관이 보유하고 있는 지문 등의 생체정보 이용 방법

(3) 「주민등록법」, 「도로교통법」, 「여권법」에 따라 신분증명서 통한 확인 방법

7. 보안대책

행정정보를 제공받아 이용하는 행정기관의 장 위조·변조·훼손·유출 또는 오용·남용 대책

문7 본인정보 공동이용 관련 공동이용 절차 및 본인정보 종류 약술

1. 본인정보 제공요구

민원인 본인정보의 종류, 접수 민원 및 민원처리기관 명시, 민원접수기관의 장에게 신청

2. 정보의 공유

민원접수기관장 → 정보보유기관장

3. 정보제공 거절

4. 정보제공 지연

5. 제공정보 종류 및 유형
⑴ 개인 신원

⑵ 단체의 지위 및 성격

⑶ 개인 또는 법인, 단체의 자격 증명

⑷ 권리

⑸ 소재, 형상 평가

⑹ 개인의 행위

⑺ 그 밖에 민원처리 위해 반드시 필요한 정보

6. 개인정보 처리

문8 민원취약계층 유형 및 편의제공 약술

1. 민원취약계층에 대한 편의제공

2. 민원취약계층의 유형
⑴ 「장애인복지법」상 등록된 장애인
⑵ (65세) 이상인 사람
⑶ 「국민기초생활 보장법」상 수급자

(4) 「재한외국인 처우 기본법」에 따른 결혼이민자

(5) 「북한이탈주민의 보호 및 정착지원에 관한 법률」에 따른 보호대상자

(6) 「모자보건법」상 임신 또는 분만 사실을 신고한 임산부

(7) 「영유아보육법」에 따른 영유아를 동반한 보호자

(8) 위 (1)~(7) 외에 신체적·정신적·언어적능력 등에서 어려움이 있어 민원편의의 제공이 필요
하다고 행정기관의 장이 인정하는 사람

3. 편의제공 방법

(1) 휠체어, 점자 안내책자, 보청기기, 돋보기 등 편의용품 비치

(2) 민원취약계층 전용 민원창구 설치, 운영

(3) 정보시스템 이용한 민원처리방법 등 안내 및 교육

(4) 제1호부터 제3호 사항 외에 행정기관장이 필요하다고 인정한 사항

4. 수수료 감면

5. 수수료 감면사항 공개
행정기관 인터넷 홈페이지

문9 민원실의 설치와 운영 약술

1. 민원실의 설치

2. 민원실의 운영
(1) 운영시간

① 운영시간 단축·연장·변경

② 운영시간 변경 등 게시

(2) 행정기관 외의 공공장소 민원실 설치

(3) 별도 규정

행안부령 또는 조례

3. 민원실 관리
민원실장 모든 진행상황 관리

4. 공무원 배치

5. 민원상담인 위촉

6. 민원인 편의제공

문10 **전자민원창구 및 통합전자민원창구 구축 및 운영 약술**

1. 민원의 전자적 처리시설 및 정보시스템 구축

2. 전자민원창구 구축·운영(행정기관장)
(1) 인터넷 통한 민원 신청·접수 처리 시스템
(2) 하나의 창구, 통합전자민원창구 연계

3. 통합전자민원창구 구축·운영

4. 소관기관 민원신청 간주

5. 수수료 감면

6. 업무처리비 청구

문11 전자민원창구 민원처리, 전자민원담당관, 이용제한

1. 전자민원창구 민원처리
(1) 민원 신청 · 접수, 이송 및 결과 통지
(2) 기간 연장 통지, 진행상황 및 완료예정일 등 상황 안내
(3) 법령, 민원편람에 따른 민원처리 정보 제공

2. 보안조치
　개인정보 보호

3. 전자민원담당관
(1) 전자민원담당관 임명, 업무 과다 시 분임전자민원담당관 임명
(2) 민원심사관의 전자민원담당관 겸임

4. 둘 이상 민원 일괄신청, 이송

5. 전자민원창구 이용제한

문12 민원신청 편의제공 약술

1. 편의제공

2. 편람 명시사항

3. 게시, 게재
(1) 무인민원발급창구 발급민원

(2) 팩스, 인터넷, 우편 신청민원

(3) 민원인 구술, 담당자 문서작성, 접수

문13 다른 행정기관 등 이용 민원처리 약술(어디서나 민원처리제) (30점)

1. 다른 행정기관 또는 특별법 규정 법인의 민원 접수·교부
(1) 다른 행정기관, 특별법 농협·새마을금고

(2) 신원확인

   다른 행정기관 등의 장, 민원인 본인 또는 대리인

2. 민원사항 접수 및 처리, 교부 절차
(1) 민원의 접수

(2) 민원 처리결과 송부

   ① 처리결과 송부

   ② 소관기관 관인생략

(3) 민원 처리결과 민원인 교부

⑷ 교부기간 연장

3. 추가비용 납부

4. 접수·교부대상 민원의 고시
민원의 종류, 접수·교부기관 및 추가비용 등 행정안전부장관이 관계 행정기관의 장 등과 협의

5. 민원의 통합 접수·교부처리

⑴ 통합 접수 및 선행 민원 처리기간 불산입

⑵ 통합 접수·교부 민원 종류 고시

6. 민원접수·교부 임·직원 공무원 준용

민원문서의 이송 약술

1. 민원문서 이송

2. 이송절차 및 시간
⑴ 1근무시간 내 이송

⑵ 3근무시간 내

(3) 8근무시간 내

(4) 전자문서

02

문15 일반민원 처리기간 약술

1. 법정민원 처리기간
(1) 처리기간 설정 · 공표

(2) 기간별 처리기간 구분

(3) 민원편람 수록

민원 종류별 처리기간

2. 질의민원 등
(1) 질의민원

① 법령 해석

② 제도 · 절차

(2) 건의민원

(3) 기타민원

문16 고충민원 처리절차 약술

1. 고충민원의 개념

2. 고충민원의 처리기간 등

3. 동일 고충민원 반복제출

4. 정당한 사유

5. 현장조사
(1) 조사기간

(2) 처리기간 불산입

6. 감독기관에 대한 고충민원 신청
(1) 대상 고충민원

(2) 처리결과 통보

7. 국민권익위원회 등 고충민원 신청

문17 민원처리기간 계산, 연장 약술

1. 민원처리기간 계산 기준
(1) 즉시

(2) 5일 이하

(3) 6일 이상

(4) 주 · 월 · 연

2. 처리기간 불산입 기간

3. 처리기간 연장
(1) 연장 기간

(2) 연장 통지

문18 민원처리상황 확인 · 점검 약술

1. 민원처리상황 확인 · 점검

2. 점검시기

3. 시정 및 징계조치 등

4. 민원처리 우수직원 포상

5. 민원심사관의 지정
소속 직원 중 민원심사관 지정

⑴ 분임 민원심사관 지정

⑵ 민원심사관의 업무

　① 독촉장 발부

　② 다수인관련민원 처리상황 확인 · 점검

문19 민원문서 보완절차 약술

1. 보완 요구

⑴ 보완 요구 방법

(2) 요구 시한

2. 보완기간 연장 요청

3. 재보완 요구

4. 보완기간 계산방법

5. 민원처리 종결 전 민원의 보완 등

문20 **민원문서 반려 · 종결 약술**

1. 민원문서의 반려
(1) 기간 내 보완 요구 불응

(2) 민원 취하에 의한 반환 요청

2. 민원의 종결처리
(1) 소재 불분명으로 인한 보완 요구가 2회에 걸쳐 반송된 경우

(2) 처리된 민원결과 일정기간 불수령

문21 민원 처리진행상황 및 결과를 통지함에 있어 절차 및 방법에 대하여 기술

1. 처리진행상황 등의 통지

(1) 통지 방법

(2) 통지 기한

(3) 통지의 생략

2. 처리결과의 통지 등

(1) 결과의 통지

(2) 대통령령으로 정하는 경우

문22 민원 처리진행상황 또는 결과통지를 전자문서로 갈음할 수 있다. 그 사유와 거부결정 통지 시 통지내용, 처리결과를 증명서로 교부하는 경우에 대하여 약술

1. 전자문서통지 갈음

(1) 민원인의 동의가 있는 경우

(2) 전자민원창구 · 통합전자민원창구를 통한 민원신청

2. 전자화문서 진본성 확인

3. 거부결정 통지

4. 증명서 등 교부

문23 민원처리결과의 통지와 관련하여 전자증명서의 발급과 전자문서 출력사용과 처리 담당자의 명시에 대하여 약술

1. 전자증명서의 발급

(1) 전자민원창구 또는 통합전자민원창구를 통한 발급

(2) 수수료 감면

(3) 전자증명서의 종류 행정안전부장관이 관계 행정기관의 장과 협의, 고시

2. 전자문서 출력사용(공문서 규정)

3. 출력 전자문서 종류 고시
행정기관의 장은 관보 고시, 인터넷 홈페이지 게시

4. 처리 담당자 명시

문24 무인민원발급창구를 통한 민원문서의 발급절차와 전자증명서의 발급, 민원수수료 납부방법에 대하여 약술

1. 무인민원발급창구를 이용한 민원문서의 발급

(1) 관인날인

(2) 본인확인 방법

(3) 민원의 종류 등 고시

(4) 수수료 감면

2. 전자증명서의 발급

(1) 전자민원창구 또는 통합전자민원창구를 통한 발급

(2) 수수료 감면

3. 민원수수료 등의 납부방법

문25 반복민원, 중복민원, 다수인민원 처리 약술

1. 반복민원 처리

2. 중복민원 처리

3. 동일 민원 여부 결정

4. 다수인민원 처리
(1) 다수인민원 정의

(2) 연명부 제출

(3) 행정기관장 조치

(4) 다수인민원 관리
　　① 사전예방대책 수립
　　② 처리상황 분석·확인

(5) 민원조정위원회 심의

(6) 다수인민원 처리상황 확인·점검

문26 사전심사청구 대상 민원, 처리절차 약술

1. 사전심사청구 대상 민원

⑴ 정식 신청 시 토지매입 등 경제적 많은 비용 수반 민원
⑵ 거부처분 시 상당한 경제적 손실 발생 민원

2. 대상 민원 종류 게시 및 편람 수록
대상 민원 종류별 처리기간, 구비서류 등

3. 사전심사청구 처리절차
⑴ 일반적 민원처리절차 준용

⑵ 처리기간
　① 30일 미만 : 처리기간 내
　② 30일 이상 : 30일 이내

⑶ 구비서류

⑷ 기간 단축처리

문27 복합민원의 처리방법과 유형 약술

1. 복합민원의 개념

2. 복합민원의 처리

(1) 민원문서의 일괄제출

(2) 복합민원 종류 등 민원편람 수록

3. 처리 유형
(1) 의제처리

(2) 창구일원화

(3) 개별처리

문28 **민원 1회방문 처리제, 시행절차 약술**

1. 개념

2. 시행절차
(1) 민원 1회방문 상담창구 운영

(2) 민원후견인 지정·운영
① 지정
　민원처리경험 많은 공무원
② 민원후견인 업무

3. 복합민원 심의 위한 위원회 운영

4. 복합민원 실무기구 심의결과에 대한 민원조정위원회 재심의

5. 행정기관장 최종 결정

문29 민원실무심의회 약술

1. 설치
복합민원 심의 위한 기구

2. 위원장 및 위원
(1) 위원장

(2) 위원

3. 운영
(1) 실무자회의 참석 요청
(2) 현지 확인 등 합동조사 실시 요청
(3) 이해관계인 등의 의견 청취
(4) 민원인 회의 참석에 대한 사전통지

4. 심의 생략

문30 민원조정위원회 약술

1. 설치
행정기관장, 필수 기구

2. 심의사항
(1) 장기 미해결 민원, 반복민원, 다수인민원 해소·방지대책

(2) 거부처분에 대한 이의신청

(3) 민원처리부서 법규 적용 타당성, 민원실무심의회 심의결과 재심의

(4) 소관 불명확 민원처리부서 지정

(5) 민원 관련 법령, 제도 개선의 필요성

(6) 영 제36조 제8항에 따라 상정된 복합민원

(7) 기타 민원 종합적 검토·조정, 종결처리 위한 기관장 회의 상정

3. 심의 생략
(1) 행정기관 판단 여지 없는 경우

(2) 법령 규정으로 해석 여지 없는 경우

(3) 1차 심의 후 거부민원 동일 사유 재접수

4. 구성 및 운영
(1) 구성

(2) 운영

문31 다수인관련민원 등에 대한 민원조정위원회 심의 약술

1. 다수인관련민원 등 민원조정위원회 심의

(1) 다수인관련민원 등 민원조정위원회 심의

(2) 해당연도 접수 다수인민원 추이 등 제출

(3) 심의사항 없는 경우

2. 거부된 민원 같은 사유 접수 시 의견제시 요청 등

(1) 행정기관 지도 · 감독 행정기관장에 의견제시 요청 등

(2) 민원조정위원장 상위 직급 공무원 지정 심의

(3) 의견제시

3. 종결처리

문32 거부처분에 대한 이의신청 약술

1. 이의신청 기간

2. 방법
이의신청서 제출

⑴ 신청인 성명 및 주소(법인명, 소재지, 대표자 성명)와 연락처

⑵ 이의신청 대상민원

⑶ 이의신청 취지 및 이유

⑷ 거부처분 받은 날 및 거부처분 내용

3. 처리절차
⑴ 결정통지

　　① 통지기한

　　② 통지내용

⑵ 연장통지

4. 행정쟁송

07 민원신청방법에 대하여 약술하시오. (20점) 2015, 2019 기출

1. 민원의 의의

민원이란 민원인이 행정기관에 대하여 처분 등 특정한 행위를 요구하는 것을 말한다.

2. 신청방법

(1) 문서 신청

민원의 신청은 문서(전자문서를 포함한다)로 하여야 한다. 다만, 기타 민원의 경우 구술 또는 전화로 신청할 수 있다.

(2) 문서 외 신청

민원인 또는 그 위임을 받은 사람이 직접 방문할 필요가 없는 민원은 팩스·인터넷 등 정보통신망 또는 우편 등으로 신청할 수 있다.

3. 신청서 및 구비서류

(1) 기재사항 및 서식

행정기관의 장은 신청서의 기재사항을 그 민원의 처리에 필요한 최소한의 범위로 한정하여야 하며, 민원인이 신청서를 쉽게 작성할 수 있도록 신청서식을 명확하게 정하여야 한다.

(2) 구비서류 및 제출부수

① 구비서류

행정기관의 장은 민원의 신청과 관련된 구비서류를 정하는 경우에는 신청서의 기재사항이 사실인지 확인하거나 그 민원의 처리에 필요한 최소한의 범위에서 구체적으로 정하여야 한다.

② 제출부수

신청서 및 구비서류의 제출부수는 민원의 처리에 필요한 최소한으로 한정하여야 한다.

08 민원의 신청방법과 관련하여 증명서류 또는 구비서류를 전자적인 방법으로 제출할 수 있다. 이와 관련한 내용을 기술하시오. (20점)

1. 증명서류 또는 구비서류의 전자적 제출

민원인은 민원의 처리에 필요한 증명서류나 구비서류를 「전자정부법」제2조 제7호에 따른 전자문서나 같은 조 제8호에 따른 전자화문서로 제출할 수 있다. 다만, 행정기관이 전자문서나 전자화문서로 증명서류나 구비서류를 받을 수 있는 정보시스템을 구축하지 아니한 경우 등 대통령령으로 정하는 사유가 있는 경우에는 그러하지 아니하다.

2. 전자적 제출의 예외

"정보시스템을 구축하지 아니한 경우 등 대통령령으로 정하는 사유"란 다음의 어느 하나에 해당하는 경우를 말한다.

(1) 행정기관이 전자문서나 전자화문서로 증명서류나 구비서류를 받을 수 있는 정보시스템을 구축하지 않은 경우

(2) 정보시스템의 장애로 전자문서나 전자화문서로 증명서류나 구비서류를 받기 어려운 경우

(3) 민원인이 발송한 전자문서나 전자화문서가 정보시스템을 통해 판독할 수 없는 상태로 수신된 경우

(4) 제1호부터 제3호까지의 경우 외에 전자문서나 전자화문서의 제출이나 수신 등에 관하여 다른 법령에 별도의 규정이 있는 경우

3. 제출방법 안내

행정기관의 장은 민원의 처리에 필요한 증명서류나 구비서류를 전자문서나 전자화문서로 받을 수 없는 경우 그 사실을 민원인에게 지체 없이 알리고, 방문·우편·팩스 등 다른 방법을 활용하여 제출할 수 있도록 안내해야 한다.

4. 전자화문서 진본성 확인

행정기관의 장은 민원인이 제출한 전자화문서가 다른 행정기관이 발급한 문서와 일치하는지에 대해 다른 행정기관에 그 확인을 요청할 수 있다.

09 민원의 접수절차에 대하여 약술하시오. (30점) 2015 기출

1. 민원의 접수

행정기관의 장은 민원의 신청을 받았을 때에는 다른 법령에 특별한 규정이 있는 경우를 제외하고는 그 접수를 보류하거나 거부할 수 없으며, 접수된 민원서류를 부당하게 되돌려 보내서는 아니 된다.

2. 접수부서

민원은 민원실(전자민원창구를 포함한다) 다만, 민원실이 설치되어 있지 아니한 경우에는 문서의 접수·발송을 주관하는 부서(이하 "문서담당부서"라 한다) 또는 민원을 처리하는 주무부서에서 민원을 접수한다.

3. 접수증 교부

(1) 접수증 교부

행정기관의 장은 민원을 접수하였을 때에는 해당 민원인에게 접수증을 내주어야 한다. 다만, 기타 민원과 민원인이 직접 방문하지 아니하고 신청한 민원 및 처리기간이 '즉시'인 민원 등은 접수증 교부를 생략할 수 있다.

(2) 접수증 교부 생략 사유

① 기타 민원
② 「민원 처리에 관한 법률 시행령」 제5조에 따라 민원인이 직접 방문하지 아니하고 신청한 민원
③ 처리기간이 '즉시'인 민원
④ 접수증을 갈음하는 문서를 주는 민원

4. 대표자 접수증 교부

민원실, 문서담당부서 또는 처리주무부서는 2인 이상의 민원인이 대표자를 정하여 신청한 민원을 접수한 때에는 그 대표자에게 하나의 접수증을 교부한다.

5. 민원처리절차 등 안내

민원을 접수한 때에는 구비서류의 완비 여부, 처리 기준과 절차, 예상 처리소요기간, 필요한 현장확인 또는 조사 예정시기 등을 해당 민원인에게 안내하여야 한다.

6. 민원인 등 신원확인

행정기관의 장은 민원을 접수할 때 필요한 경우 해당 민원인 본인 또는 그 정당한 위임을 받은 사람인지 확인할 수 있으며, 민원인의 정당한 위임을 받은 사람인지 확인할 때에는 그 신원을 확인할 수 있는 신분증명서와 위임장 등으로 하여야 한다.

7. 동일취지 민원 병합접수

행정기관의 장은 5명 이상의 민원인으로부터 동일한 취지의 민원을 접수할 때에는 이를 병합하여 접수할 수 있다.

8. 전자민원청구 접수시한

행정기관의 장은 전자민원창구를 통하여 민원이 신청된 경우에는 그 민원이 소관 행정기관의 전자민원창구에 도달한 때부터 8근무시간 이내에 접수해야 한다.

9. 다수 민원인 중 대표자 선정

(1) 대표자 선정 요청

행정기관의 장은 3명 이상의 민원인이 대표자를 정하지 아니하고 같은 민원문서를 연명(連名)으로 제출한 경우에는 일정한 기간을 정하여 민원인 중에서 3명 이내의 대표자를 선정하여 통보할 것을 요청할 수 있다.

(2) 직권 선정

행정기관의 장은 대표자로 선정하여 통보할 것을 요청받은 3명 이상의 민원인이 정해진 기간 내에 대표자를 선정하여 통보하지 아니한 경우에는 3명 이상의 민원인 중 3명 이내를 대표자로 직접 선정할 수 있다.

10 「민원 처리에 관한 법률」 제10조(불필요한 서류 요구의 금지) 규정과 관련하여 행정기관의 장은 민원접수·처리 시 구비서류 외에 서류를 추가로 요구하여서는 아니 된다. 이와 관련된 법률 규정을 기술하시오. (20점) 2019 기출

1. 불필요한 서류 요구의 금지(법 제10조 제1항)

행정기관의 장은 민원을 접수·처리할 때에 민원인에게 관계법령 등에서 정한 구비서류 외의 서류를 추가로 요구하여서는 아니 된다.

2. 사본 허용(제2항)

행정기관의 장은 동일한 민원서류 또는 구비서류를 복수로 받는 경우에는 특별한 사유가 없으면 원본과 함께 그 사본의 제출을 허용하여야 한다.

3. 서류 추가 요구 금지(제3항 제1호 내지 제4호)

행정기관의 장은 민원을 접수·처리할 때에는 다음의 어느 하나에 해당하는 경우에는 민원인에게 관련 증명서류 또는 구비서류의 제출을 요구할 수 없으며, 그 민원을 처리하는 담당자가 직접 이를 확인·처리하여야 한다.

(1) 민원인이 소지한 주민등록증·여권·자동차운전면허증 등 행정기관이 발급한 증명서로 그 민원의 처리에 필요한 내용을 확인할 수 있는 경우

(2) 해당 행정기관의 공부(公簿) 또는 행정정보로 그 민원의 처리에 필요한 내용을 확인할 수 있는 경우

(3) 「전자정부법」에 따른 행정정보의 공동이용을 통하여 그 민원의 처리에 필요한 내용을 확인할 수 있는 경우

(4) 행정기관이 증명서류나 구비서류를 다른 행정기관으로부터 전자문서로 직접 발급받아 그 민원의 처리에 필요한 내용을 확인할 수 있는 경우로서 민원인이 행정기관에 미리 해당 증명서류 또는 구비서류에 대하여 관계법령 등에서 정한 수수료 등을 납부한 경우

4. 관계법령 절차에 따른 확인·처리 간주(제4항)

행정기관의 장이 제3항에 따라 증명서류나 구비서류를 확인·처리한 경우에는 관계법령 등에서 정한 절차에 따라 증명서류나 구비서류를 확인·처리한 것으로 본다.

5. 수수료 감면(제5항)

행정기관의 장은 제3항 제3호에 따라 행정정보의 공동이용을 통하여 민원인의 증명서류 또는 구비서류 제출을 갈음하는 경우에는 증명서류나 구비서류의 발급기관의 장과 협의하여 해당 증명서류나 구비서류에 대한 수수료를 감면할 수 있다.

6. 행정정보 공동이용 민원종류 등 공표(제6항)

행정기관의 장은 제3항 제3호에 따라 행정정보의 공동이용을 통하여 그 내용을 확인할 수 있는 민원의 종류·범위와 그 밖에 필요한 사항을 인터넷 홈페이지 등을 통하여 공표하여야 한다.

7. 민원내용 변경·갱신 시 추가서류 요구 금지(제7항)

행정기관의 장은 원래의 민원의 내용 변경 또는 갱신 신청을 받았을 때에는 특별한 사유가 없으면 이미 제출되어 있는 관련 증명서류 또는 구비서류를 다시 요구하여서는 아니 된다.

11 「민원 처리에 관한 법률」제10조(불필요한 서류 요구의 금지) 제3항 제3호(행정정보의 공동이용) 및 제4호(증명서류나 구비서류를 다른 행정기관으로부터 전자문서로 직접 발급받아 그 민원의 처리에 필요한 내용을 확인) 규정에 따라 민원을 처리하고자 하는 경우 민원신청 및 증명서류 또는 구비서류의 전자적 확인 등과 관련된 동법 시행령 제7조의2 규정을 기술하시오. (20점)

1. 전자문서 민원신청(제1항)

법 제10조 제3항 제3호 및 제4호에 따른 민원 처리를 원하는 민원인은 민원을 신청할 때 다음의 사항을 구체적으로 적은 문서(전자문서를 포함한다)를 제출해야 한다.

(1) 증명서류 또는 구비서류 발급기관의 명칭

(2) 증명서류 또는 구비서류의 명칭

(3) 증명서류 또는 구비서류의 발급을 필요로 하는 민원사무의 명칭

(4) 그 밖에 증명서류 또는 구비서류의 발급에 필요한 사항

2. 증명 · 구비서류 우편 등 발송(제2항)

행정기관과 증명서류발급기관(법 제10조 제3항 제4호에 따른 증명서류 또는 구비서류 발급기관을 말한다. 이하 같다)은 정보시스템 장애로 증명서류 또는 구비서류를 전자문서로 보내거나 받을 수 없는 경우에는 우편 등으로 증명서류 또는 구비서류를 보내거나 받을 수 있다.

3. 서류 발급 및 확인기간 처리기간 불산입(제3항)

행정기관의 장이 법 제10조 제3항 제3호 및 제4호에 따른 민원을 처리하는 경우에는 그 처리기간에 증명서류 또는 구비서류의 발급 및 확인에 걸리는 기간은 산입하지 않는다.

4. 수수료 송금(제4항)

행정기관의 장이 법 제10조 제3항 제4호에 따른 증명서류 또는 구비서류의 발급을 요청하는 경우에는 증명서류발급기관에 민원인이 납부한 수수료를 송금해야 한다. 다만, 증명서류 또는 구비서류의 발급을 요청하는 행정기관과 증명서류발급기관의 수수료가 귀속되는 회계가 같은 경우에는 수수료를 송금하지 않고 그 행정기관의 세입으로 한다.

12 「민원 처리에 관한 법률」상 민원인의 요구에 의한 본인정보 공동이용과 관련된 내용을 기술하시오. (20점)

1. 민원인 요구에 의한 본인정보 공동이용

민원인은 민원을 접수·처리하는 기관을 통하여 행정정보 보유기관의 장에게 본인에 관한 증명서류 또는 구비서류 등의 행정정보(법원의 재판사무·조정사무 및 그 밖에 이와 관련된 사무에 관한 정보는 제외한다)를 본인의 민원 처리에 이용되도록 제공할 것을 요구할 수 있다. 이 경우 민원을 접수·처리하는 기관의 장은 민원인에게 관련 증명서류 또는 구비서류의 제출을 요구할 수 없으며, 행정정보 보유기관의 장으로부터 해당 정보를 제공받아 민원을 처리하여야 한다.

2. 본인정보의 제공

행정정보 보유기관의 장은 해당 정보를 컴퓨터 등 정보처리능력을 지닌 장치에 의하여 처리가 가능한 형태로 본인 또는 본인이 지정한 민원처리기관에 지체 없이 제공하여야 한다. 다만, 「개인정보 보호법」에 따른 제한 또는 거절의 사유에 해당하는 경우에는 그러하지 아니하다.

3. 본인요구 행정정보 종류 공표

행정안전부장관은 민원인이 행정정보 보유기관의 장에게 요구할 수 있는 본인에 관한 행정정보의 종류를 보유기관의 장과 협의하여 정하고, 이를 국민에게 공표하여야 한다.

4. 해당 정보의 위조·변조 등 방지

행정안전부장관은 「전자정부법」에 따른 행정정보 공동이용센터를 통하여 안전하고 신뢰할 수 있는 방법으로 정보시스템을 연계하는 등 해당 행정정보의 위조·변조·훼손·유출 또는 오용·남용을 방지하여야 한다.

5. 수수료 감면

행정기관의 장은 컴퓨터 등 정보처리능력을 지닌 장치에 의하여 처리가 가능한 형태로 행정정보를 제공하는 경우에는 다른 법률에도 불구하고 수수료를 감면할 수 있다.

6. 민원인의 본인정보 증명

민원인은 본인에 관한 행정정보의 공동이용을 요구하는 경우 다음의 어느 하나에 해당하는 방법으로 해당 행정정보가 본인에 관한 것임을 증명하여야 한다.

(1) 「전자정부법」에 따른 민원인의 본인 확인 방법

(2) 행정기관이 보유하고 있는 지문 등의 생체정보를 이용하는 방법

(3) 「주민등록법」, 「도로교통법」, 「여권법」에 따라 신분증명서의 진위를 확인하는 방법

7. 보안대책

다른 기관으로부터 행정정보를 제공받아 이용하는 행정기관의 장은 해당 행정정보가 위조·변조·훼손·유출 또는 오용·남용되지 아니하도록 적절한 보안대책을 마련하여야 하며, 행정안전부장관은 이에 대한 실태를 점검할 수 있다.

13 「민원 처리에 관한 법률 시행령」상 민원인 요구에 의한 본인정보 공동 이용절차 및 본인정보 종류에 대하여 약술하시오. (20점)

1. 민원인 본인정보 제공요구

민원인은 본인에 관한 행정정보(이하 "본인정보"라 한다)의 제공을 요구하는 경우에는 본인정보의 종류, 접수하려는 민원 및 민원처리기관을 명시하여 민원접수기관의 장에게 신청해야 한다.

2. 정보의 공유

(1) 신청을 받은 민원접수기관의 장은 그 내용을 지체 없이 행정정보 보유기관의 장에게 전달해야 한다.

(2) 본인정보 제공요구를 전달받은 행정정보 보유기관의 장은 해당 민원처리기관에 본인정보를 제공해야 한다.

3. 정보제공 거절

행정정보 보유기관의 장은 「개인정보 보호법」에 따른 제한 또는 거절의 사유 등으로 본인정보 제공을 거절한 경우에는 지체 없이 해당 사실 및 그 사유를 민원접수기관을 통하여 민원인에게 알려야 한다.

4. 정보제공의 지연

행정정보 보유기관의 장은 전산시스템 장애 등으로 본인정보 제공이 지연되거나 어려운 경우에는 지체 없이 해당 사실 및 그 사유를 민원접수기관을 통하여 민원인에게 알리고, 그 사유가 해소된 즉시 본인정보를 제공해야 한다.

5. 본인정보의 종류 및 세부유형

행정안전부장관이 행정정보 보유기관의 장과 협의하여 정할 수 있는 본인정보의 종류 및 세부유형은 다음과 같다.

(1) **개인의 신원에 관한 다음의 본인정보**
① 주민등록표 등 개인의 신원에 관한 사실을 확인하기 위하여 필요한 본인정보
② 병적증명서 등 개인의 경력에 관한 사항 등을 확인하기 위하여 필요한 본인정보

⑵ **등기사항증명서 등 법인 또는 그 밖의 단체의 지위 및 성격을 파악하기 위하여 필요한 본인정보**

⑶ **개인 또는 법인, 그 밖의 단체의 자격의 증명에 관한 다음의 본인정보**

① 국가기술자격 증명 등 개인 등의 자격을 확인하기 위하여 필요한 본인정보
② 인가·허가 등 행정청의 처분의 존재 여부를 확인하기 위하여 필요한 본인정보

⑷ **물건 또는 법률상의 권리에 관한 다음의 본인정보**

① 부동산등기부 또는 자동차등록증 등 부동산 또는 동산의 권리를 확인하기 위하여 필요한 본인정보
② 특허등록원부 등 법률상 등록 또는 등기된 권리의 내용에 관한 본인정보

⑸ **토지 등 특정한 물건이나 그 밖의 권리의 소재(所在)·형상 및 그에 대한 평가를 확인하기 위하여 필요한 다음의 본인정보**

① 지적도, 임야도 등 특정한 부동산의 소재, 그 현황 등에 대하여 행정기관이 작성한 본인정보
② 개별공시지가 확인서 등 특정한 물건에 대한 객관적인 평가 또는 가치 등에 대하여 행정기관이 작성한 정보로서 다른 개인 등의 업무수행에 필요한 본인정보

⑹ **개인 등의 행위에 대한 사실을 증명하기 위하여 필요한 다음의 본인정보**

① 출입국증명, 국내거소사실증명 등 개인의 소재 및 지위 등의 확인을 위하여 필요한 본인정보
② 납세증명, 각종 등록확인증 등 개인 등의 법령에 따른 행위의 존재 여부 및 법령상의 의무 준수 여부를 확인하기 위하여 필요한 본인정보

⑺ **그 밖에 행정기관이 민원처리 등 소관업무를 수행하는 데에 반드시 필요한 본인정보**

6. 개인정보 처리

민원처리기관은 본인정보의 공동이용에 관한 사무를 수행하기 위하여 불가피한 경우 「개인정보 보호법」에 따른 건강에 관한 정보나 주민등록번호, 여권번호, 운전면허의 면허번호 또는 외국인등록번호가 포함된 자료를 처리할 수 있다.

14 「민원 처리에 관한 법률」상 민원취약계층에 대한 편의제공과 관련하여 민원취약계층의 범위와 편의제공 방법 등에 관하여 기술하시오. (20점)

1. 민원취약계층에 대한 편의제공

행정기관의 장은 민원의 신청 및 접수·처리 과정에서 민원취약계층(장애인, 임산부, 노약자 및 「지능정보화 기본법」 제2조 제13호에 따른 정보격차로 인하여 민원의 신청 등에 제약을 받는 사람을 말한다. 이하 같다)에 대한 편의를 제공하기 위하여 노력하여야 한다.

2. 민원취약계층의 유형

행정기관(지방자치단체와 그 소속기관은 제외한다. 이하 같다)의 장이 편의를 제공하기 위해 노력해야 하는 민원취약계층은 다음의 사람으로 한다.

(1) 「장애인복지법」에 따라 등록된 장애인

(2) 65세 이상인 사람

(3) 「국민기초생활 보장법」에 따른 수급자

(4) 「재한외국인 처우 기본법」에 따른 결혼이민자

(5) 「북한이탈주민의 보호 및 정착지원에 관한 법률」에 따른 보호대상자

(6) 「모자보건법」에 따라 임신 또는 분만 사실을 신고한 임산부

(7) 「영유아보육법」에 따른 영유아를 동반한 보호자

(8) 위 (1) ~ (7)의 사람 외에 신체적·정신적·언어적 능력 등에서 어려움이 있어 민원 편의 제공이 필요하다고 행정기관의 장이 인정하는 사람

3. 편의제공

행정기관의 장은 민원취약계층에 대해 다음의 편의를 제공할 수 있다.

(1) 휠체어, 점자 안내책자, 보청기기, 돋보기 등 편의용품 비치

(2) 민원취약계층 전용 민원창구의 설치 및 운영

(3) 정보시스템을 이용한 민원처리방법 등에 대한 안내 및 교육

(4) 그 밖에 행정기관의 장이 민원 편의를 위하여 필요하다고 인정하는 사항

4. 수수료 감면

(1) 행정기관의 장은 민원취약계층에 대하여 민원 처리에 따른 수수료를 감면할 수 있다.

(2) 민원취약계층에 대한 행정기관의 장의 민원 처리 수수료의 감면 비율이나 감면 금액은 감면 비율이나 감면 금액 이상으로 한다. 다만, 다른 법령에 특별한 규정이 있는 경우에는 해당 규정에서 정하는 바에 따른다.

5. 수수료 감면사항 공개

행정기관의 장은 민원취약계층에 대한 민원 처리 수수료의 감면 비율이나 감면 금액을 정한 경우 이를 행정기관의 인터넷 홈페이지 등을 통해 공개해야 한다.

15 민원실의 설치와 운영에 대하여 약술하시오. (30점)

1. 민원실의 설치

행정기관의 장은 민원을 신속히 처리하고 민원인에 대한 안내와 상담의 편의를 제공하기 위하여 민원실을 설치할 수 있다.

2. 민원실의 운영

(1) 운영시간

민원실의 1일 운영시간은 오전 9시부터 오후 6시까지로 한다.

① 운영시간 단축·연장 등

행정기관(지방자치단체는 제외한다)의 장은 민원의 효율적인 접수·처리와 민원인의 권리 보호를 위해 소관 민원의 성격·접수 형태, 방문 민원인 수 등을 고려하여 민원실의 운영시간을 단축·연장·변경할 수 있다.

② 운영시간 변경 게시

행정기관의 장은 민원실의 운영시간을 단축·연장·변경하는 경우에는 그 운영시간을 행정기관의 인터넷 홈페이지 및 민원실 주변에 게시해야 하며, 운영시간의 단축·연장·변경으로 인한 민원인의 불편을 최소화하기 위하여 필요한 편의를 제공해야 한다.

(2) 행정기관 이외 공공장소에 민원실 설치

① 행정기관의 장은 민원인 접근의 편의를 위하여 행정기관 외의 공공장소 등에 다양한 형태의 민원실을 설치하여 운영할 수 있다.

② 행정기관의 장은 행정기관 외의 장소에 민원실을 설치하여 운영하는 경우에는 설치 장소·목적 등을 고려하여 특정한 종류의 민원만을 처리하는 방식으로 운영할 수 있다.

(3) 별도 규정

민원실의 운영시간이나 운영방법은 각 행정기관의 특성에 따라 행정안전부령 또는 해당 지방자치단체의 조례로 달리 정할 수 있다.

3. 민원실 관리

민원실의 장은 민원이 신속히 처리될 수 있도록 그 처리에 관한 모든 진행과정을 확인·관리하여야 한다.

4. 공무원 배치

(1) 행정기관의 장은 소속 직원 중에서 행정실무경험이 풍부하고 근무태도가 성실한 사람을 민원실에 배치하여야 하며, 필요하다고 인정하는 경우에는 관계기관의 장에게 소속 직원의 파견을 요청할 수 있다.

(2) 행정기관의 장은 민원실에서 2년 이상 근무한 사람을 전보 시 우대할 수 있다.

5. 민원상담인 위촉

행정기관의 장은 민원인에 대한 안내와 상담을 위하여 필요하다고 인정되는 경우에는 행정실무에 관한 지식과 경험이 있는 사람을 민원상담인으로 위촉할 수 있다. 이 경우 민원상담인은 명예직으로 하는 것을 원칙으로 하되, 관계법령 또는 조례로 정하는 바에 따라 수당 또는 실비를 지급할 수 있다.

6. 민원인 편의제공

(1) 행정기관의 장은 민원인에게 편의를 제공하기 위하여 민원실에 민원을 신청하는 데 필요한 용지·필기구 등을 갖추어 두어야 한다.

(2) 행정기관의 장은 민원인에게 편의를 제공하고 담당자의 안정적인 근무환경 조성을 위해 민원실 시설·환경 등의 개선에 노력해야 한다.

16 전자민원창구 및 통합전자민원창구의 구축·운영에 관하여 기술하시오.
(20점)

1. 민원의 전자적 처리시설 및 정보시스템 구축

행정기관의 장은 민원인이 해당 기관을 직접 방문하지 아니하고도 민원을 처리할 수 있도록 관계법령 등을 개선하고 민원의 전자적 처리를 위한 시설과 정보시스템을 구축하는 등 필요한 조치를 하여야 한다.

2. 전자민원창구 구축·운영

(1) 행정기관의 장은 인터넷을 통하여 민원을 신청·접수받아 처리할 수 있는 정보시스템(이하 "전자민원창구"라 한다)을 구축·운영할 수 있다. 다만, 전자민원창구를 구축하지 아니한 경우에는 통합전자민원창구를 통하여 민원을 신청·접수받아 처리할 수 있다.

(2) 행정기관의 장은 전자민원창구를 설치하려는 경우에는 특별한 사유가 없으면 하나의 창구로 설치해야 하며, 통합전자민원창구와 효율적으로 연계될 수 있도록 해야 한다.

3. 통합전자민원창구 구축·운영

행정안전부장관은 전자민원창구의 구축·운영을 지원하고 각 행정기관의 전자민원창구를 연계하기 위하여 통합전자민원창구를 구축·운영할 수 있다.

4. 소관기관 민원신청 간주

민원인이 전자민원창구나 통합전자민원창구를 통하여 민원을 신청한 경우에는 관계법령 등에 따라 해당 민원을 소관하는 행정기관에 민원을 신청한 것으로 본다.

5. 수수료 감면

(1) 행정기관의 장은 전자민원창구나 통합전자민원창구를 통하여 민원을 처리하는 경우에는 다른 법률에도 불구하고 수수료를 감면할 수 있다.

(2) 행정기관의 장은 전자민원창구나 통합전자민원창구를 통하여 처리하는 민원에 대한 수수료의 감면 비율이나 감면 금액을 정한 경우에는 행정안전부장관에게 통보해야 한다.

(3) 행정안전부장관은 통보받은 감면 비율이나 감면 금액을 민원처리기준표에 반영해야 한다.

6. 업무처리비 청구

(1) 행정기관의 장은 전자민원창구나 통합전자민원창구를 통하여 민원을 신청한 민원인이 정보통신망을 이용한 전자화폐·전자결제 등의 방법으로 수수료를 납부하는 경우에는 해당 수수료 외에 별도의 업무처리비용을 함께 청구할 수 있다.

(2) 별도의 업무처리비용은 전자적 납부에 드는 최소한의 비용으로 해야 한다.

17 전자민원창구를 통한 민원처리내용과 전자민원담당관의 임명, 전자민원창구 이용제한에 대하여 기술하시오. (20점)

1. 전자민원창구를 통한 민원처리

행정기관의 장은 전자민원창구를 통하여 다음의 사항을 처리할 수 있다.

(1) 민원의 신청·접수, 민원문서의 이송 및 처리결과의 통지

(2) 처리기간 연장의 통지, 처리진행상황과 처리완료예정일 등 민원의 처리상황 안내

(3) 법령, 민원편람 및 민원처리기준표 등 민원 처리와 관련된 정보의 제공

2. 보안조치

행정기관의 장은 민원처리할 때 개인정보 보호 등을 위하여 보안 강화 및 그 밖에 필요한 조치를 취하여야 한다.

3. 전자민원담당관

(1) 전자민원담당관 임명

행정기관의 장은 전자민원창구를 효율적으로 운영하기 위하여 소속 공무원 중에서 전자민원담당관을 임명해야 한다. 이 경우 업무가 지나치게 많다고 판단되는 경우에는 그 업무의 일부를 분장하게 하기 위하여 분임전자민원담당관을 둘 수 있다.

(2) 민원심사관의 전자민원담당관 겸임

행정기관의 장은 민원창구의 단일화와 업무의 효율적 처리를 위하여 민원심사관 또는 분임 민원심사관으로 하여금 전자민원담당관 또는 분임전자민원담당관을 겸임하게 할 수 있다.

4. 둘 이상 민원 일괄신청 및 이송

행정안전부장관은 통합전자민원창구를 통하여 둘 이상의 민원을 일괄적으로 신청받아 소관 행정기관에 이송하여 처리하게 할 수 있다.

5. 전자민원창구 등의 이용제한

행정기관의 장은 민원인 또는 그 위임을 받은 자가 전자민원창구 또는 통합전자민원창구를 통하여 정당하지 않은 목적으로 비정상적인 전자적 수단 등을 이용하여 동일한 민원을 반복하여 신청함으로써 다른 민원인에 대한 민원 처리를 지연시키는 등 심각하게 공무를 방해하는 경우에는 해당 민원인 또는 그 위임을 받은 자의 전자민원창구 또는 통합전자민원창구의 이용을 제한할 수 있다.

18 민원신청의 편의제공에 대하여 약술하시오. (20점)

1. 민원신청의 편의제공

행정기관의 장은 민원실(민원실이 설치되지 아니한 기관의 경우에는 문서의 접수·발송을 주관하는 부서를 말한다)에 민원 관련 법령·편람과 민원의 처리 기준과 절차 등 민원의 신청에 필요한 사항을 게시하고 이를 인터넷 홈페이지를 통하여 제공하는 등 민원인에게 민원 신청의 편의를 제공하여야 한다.

2. 민원편람 명시사항

행정기관의 장은 민원편람에 민원의 종류별로 신청서식, 구비서류, 처리주무부서, 경유기관·협의기관, 처리절차, 처리기간, 심사기준, 수수료, 그 밖에 민원에 관한 안내에 필요한 사항을 분명히 적어야 한다.

3. 민원실 게시·민원편람 게재사항 등

(1) 행정기관의 장은 다음의 어느 하나에 해당하는 민원에 대해서는 그 종류를 정하여 민원실에 게시하거나 민원편람에 게재하여야 한다.

① 무인민원발급창구를 통하여 발급할 수 있는 민원

② 팩스·인터넷 등 정보통신망 또는 우편 등으로 신청할 수 있는 민원

③ 민원인이 구술하고 담당자가 그 사항을 문서로 작성하여 신청할 수 있는 민원

(2) 행정기관의 장은 문서로 접수하는 민원의 경우 민원인의 편의를 위해 민원인이 민원신청에 필요한 사항을 담당자의 앞에서 구술하고, 담당자가 이를 문서로 작성하여 민원인이 서명한 때에는 이를 민원문서로 접수할 수 있다.

19 다른 행정기관 등을 이용한 민원 처리(어디서나 민원처리제)에 대하여 약술하시오. (30점)

1. 다른 행정기관 등을 이용한 민원의 접수·교부

(1) 다른 행정기관, 특별법상 법인 이용 민원접수·교부

행정기관의 장은 민원인의 편의를 위하여 그 행정기관이 접수하고 처리결과를 교부하여야 할 민원을 다른 행정기관이나 특별법에 따라 설립되고 전국적 조직을 가진 법인 중 농협과 새마을금고로 하여금 접수·교부하게 할 수 있다.

(2) 신원확인

민원을 접수·교부하는 다른 행정기관 등의 장은 민원을 접수할 때 필요하다고 인정되는 경우에는 해당 민원인 본인 또는 그 위임을 받은 사람이 맞는지 확인할 수 있다. 이 경우 위임을 받은 사람이 맞는지 확인하는 방법에 관하여는 위임장으로 확인한다.

2. 민원의 접수 및 처리, 교부절차

(1) 민원의 접수

민원을 접수한 다른 행정기관이나 농협 또는 새마을금고는 그 민원을 지체 없이 소관 행정기관에 보내야 한다.

(2) 민원 처리결과 송부

① 처리결과 송부

민원을 받은 소관 행정기관은 그 민원을 처리하면 처리인과 직인을 찍은 후 그 처리결과를 팩스·인터넷 또는 전자적 시스템을 이용하여 민원인이 교부받으려는 다른 행정기관이나 농협 또는 새마을금고에 보내야 한다. 다만, 인터넷 또는 전자적 시스템을 이용하는 경우에는 처리인과 직인을 갈음하여 전자이미지관인을 찍은 후 처리주무부서의 전화번호, 담당자의 이름 등을 표시하여 교부기관에 보낼 수 있다.

② 소관기관 관인 생략

민원문서를 교부하는 다른 행정기관의 장은 소관 행정기관의 관인(전자이미지관인을 포함한다)을 생략하고 해당 기관의 관인을 찍어 민원문서를 교부할 수 있다.

③ 민원 처리결과 민원인 교부

처리결과를 받은 교부기관은 처리인과 직인을 찍어 민원인에게 교부하여야 한다.

④ 처리(교부)기간 연장

민원을 받은 소관 행정기관의 장은 동일한 민원인이 동시(같은 근무일에 여러 번 신청하는 경우를 포함한다)에 많은 양의 동일한 증명서 등 문서(전자문서는 제외한다)의 교부를 신청하여 처리기간 내에 처리하기 어려운 경우에는 20통마다 처리기간을 1일씩 연장하여 교부할 수 있다.

3. 추가비용 납부

민원인이 민원을 신청하는 경우에는 법령·훈령·예규·고시·자치법규 등에서 정한 수수료 외에 업무처리비 등 추가비용을 교부기관에 내야 한다.

4. 접수·교부대상 민원의 고시

행정안전부장관은 다른 행정기관이나 농협 또는 새마을금고를 통하여 접수·처리할 수 있는 민원의 종류, 접수·교부기관 및 추가비용 등을 관계 행정기관의 장과 협의하여 정한 후 고시하여야 한다.

5. 민원의 통합 접수·교부처리

다른 행정기관이나 농협 또는 새마을금고는 민원인이 소관 행정기관이 다른 둘 이상의 민원을 통합하여 신청했을 때에는 이를 통합하여 접수·교부할 수 있다.

(1) 통합 접수 및 선행 민원 처리기간 불산입

통합하여 접수된 민원은 그 민원의 소관 법령에 따라 각 소관 행정기관에 접수된 것으로 본다. 이 경우 통합하여 접수한 민원 중 다른 민원의 처리를 위해 선행적으로 완결되어야 하는 민원이 있는 경우에는 그 선행 민원이 완결되는 데 소요된 기간은 다른 민원의 처리기간에 산입하지 아니한다.

(2) 통합 접수·교부 민원 종류 고시

다른 행정기관이나 농협 또는 새마을금고가 통합하여 접수·교부할 수 있는 민원의 종류, 접수·교부기관 등 필요한 사항은 행정안전부장관이 정하여 고시하여야 한다.

6. 민원접수·교부 임직원 공무원 준용

민원을 접수·교부하는 법인의 임직원은 「형법」이나 그 밖의 법률에 따른 벌칙을 적용할 때에는 공무원으로 본다.

20 민원문서의 이송방법에 대하여 약술하시오. (20점) ^{2019 기출}

1. 민원문서의 이송

행정기관의 장은 접수한 민원이 다른 행정기관의 소관인 경우에는 접수된 민원문서를 지체 없이 소관 기관에 이송하여야 한다.

2. 이송절차 및 시간

(1) 1근무시간 내 이송

민원실에 접수된 민원문서 중 그 처리가 민원실의 주관에 속하지 아니하는 것에 대하여는 1근무시간 이내에 이를 처리주무부서에 이송하여야 한다. 다만, 처리주무부서가 상당히 떨어져 있는 등 특별한 사유가 있어 1근무시간 이내에 이송하기 어려운 경우에는 3근무시간 이내에 이송할 수 있다.

(2) 3근무시간 내 이송

같은 행정기관 내에서 소관이 아닌 민원문서를 접수한 경우에는 3근무시간 이내에 민원실을 거쳐 처리주무부서에 이를 이송하여야 한다.

(3) 8근무시간 내 이송

다른 행정기관 소관의 민원문서를 접수한 경우에는 8근무시간 이내에 소관 행정기관에 이를 이송하고, 그 사실을 민원인에게 통지하여야 한다.

(4) 전자문서의 이송

접수된 민원문서가 전자문서인 경우에는 지체 없이 소관 기관에 전자적 방법으로 이송하여야 한다.

21 일반민원의 처리기간과 방법에 대하여 약술하시오. (20점) ^{2017 기출}

1. 법정민원의 처리기간 설정 · 공표

(1) 법정민원 처리기간 설정 · 공표

행정기관의 장은 법정민원을 신속히 처리하기 위하여 행정기관에 법정민원의 신청이 접수된 때부터 처리가 완료될 때까지 소요되는 처리기간을 법정민원의 종류별로 미리 정하여 공표하여야 한다.

(2) 기관별 처리기간 구분

행정기관의 장은 법정민원의 처리기간을 정할 때에는 접수기관 · 경유기관 · 협의기관(다른 기관과 사전협의가 필요한 경우만 해당한다) 및 처분기관 등 각 기관별로 처리기간을 구분하여 정하여야 한다.

(3) 민원편람 수록

행정기관의 장은 법정민원의 처리기간을 민원편람에 수록하여야 한다.

2. 질의민원 등의 처리기간 등

(1) 질의민원의 처리기간

행정기관의 장은 질의민원을 접수한 경우에는 특별한 사유가 없으면 다음의 기간 이내에 처리하여야 한다.

① 법령에 관하여 설명이나 해석을 요구하는 질의민원

14일 이내

② 제도 · 절차 등 법령 외의 사항에 관하여 설명 · 해석을 요구하는 질의민원

7일 이내

(2) 건의민원의 처리기간

행정기관의 장은 건의민원을 접수한 경우에는 특별한 사유가 없으면 14일 이내에 처리하여야 한다.

(3) 기타민원의 처리기간 등

① 행정기관의 장은 기타민원을 접수한 경우에는 특별한 사유가 없으면 즉시 처리하여야 한다.

② 행정기관의 장은 해당 기관의 특성을 고려하여 기타민원의 처리기간 및 처리절차 등을 달리 정하여 운영할 수 있다.

22 고충민원의 개념과 처리절차에 대하여 약술하시오. (20점) 2020 기출

1. 고충민원의 개념

행정기관 등의 위법·부당하거나 소극적인 처분(사실행위 및 부작위를 포함한다) 및 불합리한 행정제도로 인하여 국민의 권리를 침해하거나 국민에게 불편 또는 부담을 주는 사항에 관한 민원(현역장병 및 군 관련 의무복무자의 고충민원을 포함한다)을 말한다(「부패방지 및 국민권익위원회의 설치와 운영에 관한 법률」 제2조 제5호).

2. 고충민원의 처리기간 등

행정기관의 장은 고충민원을 접수한 때에는 특별한 사유가 없으면 7일 이내에 처리하여야 한다.

3. 동일 고충민원 반복제출

행정기관의 장은 민원인이 동일한 내용의 고충민원을 다시 제출한 경우에는 감사부서 등으로 하여금 이를 조사하도록 하여야 한다.

4. 정당한 사유

행정기관의 장은 고충민원의 내용이 정당한 사유가 있다고 인정될 때에는 지체 없이 원처분의 취소·변경 등 적절한 조치를 하고, 이를 민원인에게 통지하여야 한다.

5. 현장조사

(1) 조사기간

행정기관의 장은 고충민원의 처리를 위하여 필요한 경우 14일의 범위에서 현장조사 등을 할 수 있다. 다만, 부득이한 사유로 14일 내에 현장조사 등을 완료하기 어렵다고 인정되는 경우에는 7일의 범위에서 그 기간을 한 차례만 연장할 수 있다.

(2) 처리기간 불산입

현장조사 등에 걸린 기간은 처리기간에 산입하지 않는다.

6. 감독기관에 대한 고충민원 신청

(1) 대상 고충민원

민원인은 감사부서 등의 조사를 거친 경우에는 그 고충민원과 관련한 사무에 대한 지도·감독 등의 권한을 가진 감독기관의 장에게 고충민원을 신청할 수 있다.

(2) 처리결과 통보

감독기관의 장은 고충민원의 처리결과를 소관 행정기관의 장에게 통보하여야 한다. 이 경우 소관 행정기관의 장은 특별한 사유가 없으면 그 결과를 존중하여 적절한 조치를 하고, 이를 민원인에게 통지하여야 한다.

7. 국민권익위원회 또는 시민고충처리위원회 고충민원 신청

민원인은 고충민원을 신청하거나 처리결과를 통보받은 경우에도 국민권익위원회 또는 「부패방지 및 국민권익위원회의 설치와 운영에 관한 법률」 제2조 제9호에 따른 시민고충처리위원회에 고충민원을 신청할 수 있다.

23 민원처리기간의 계산 기준에 대하여 약술하시오. (20점) 2017 기출

1. 처리기간의 계산 기준

(1) 즉시

민원의 처리기간을 '즉시'로 정한 경우에는 정당한 사유가 있는 경우를 제외하고는 3근무시간 이내에 처리하여야 한다.

(2) 5일 이하

민원의 처리기간을 5일 이하로 정한 경우에는 민원의 접수 시각부터 '시간' 단위로 계산하되, 공휴일과 토요일은 산입하지 아니한다. 이 경우 1일은 8시간의 근무시간을 기준으로 한다.

(3) 6일 이상

민원의 처리기간을 6일 이상으로 정한 경우에는 '일' 단위로 계산하고 첫날을 산입하되, 공휴일과 토요일은 산입하지 아니한다.

(4) 주·월·연

민원의 처리기간을 주·월·연으로 정한 경우에는 첫날을 산입하되, 「민법」 제159조부터 제161조까지의 규정을 준용한다.

2. 처리기간에 산입하지 아니하는 기간의 계산

민원의 처리기간에 산입하지 아니하는 기간에 관하여는 「행정절차법 시행령」 제11조를 준용한다.

3. 처리기간의 연장

(1) 연장 기간

행정기관의 장은 부득이한 사유로 처리기간 내에 민원을 처리하기 어렵다고 인정되는 경우에는 그 민원의 처리기간의 범위에서 그 처리기간을 한 차례 연장할 수 있다. 다만, 연장된 처리기간 내에 처리하기 어려운 경우에는 민원인의 동의를 받아 그 민원의 처리기간의 범위에서 처리기간을 한 차례만 다시 연장할 수 있다.

(2) 연장 통지

처리기간을 연장하였을 때에는 처리기간의 연장 사유와 처리완료 예정일을 지체 없이 민원인에게 문서로 통지하여야 한다.

24 민원처리상황의 확인·점검절차에 대하여 약술하시오. (20점)

1. 민원처리상황 확인·점검

행정기관의 장은 민원의 처리상황과 운영 실태를 매월 1회 이상 확인·점검하여야 한다.

2. 점검시기

확인·점검은 매달 5일까지 지난달의 민원처리상황에 대하여 실시한다.

3. 시정 및 징계조치 등

행정기관의 장은 확인·점검 결과 법령 위반 사실을 발견하거나 민원 처리가 미흡하다고 판단되는 경우에는 지체 없이 이를 시정하고, 그 민원처리와 관련 있는 직원 등에 대하여 징계 또는 그 밖에 필요한 조치를 하여야 한다.

4. 민원처리 우수직원 포상

행정기관의 장은 확인·점검 결과 민원처리가 우수하다고 판단되는 직원이나 부서에 대하여 포상할 수 있다.

5. 민원심사관의 지정

(1) 행정기관의 장은 민원 처리상황의 확인·점검 등을 위하여 소속 직원 중에서 민원심사관을 지정하여야 한다.

(2) **분임 민원심사관 지정**

행정기관의 장은 민원심사관의 업무가 지나치게 많거나 특별히 전문성이 필요하다고 판단되는 경우에는 분임 민원심사관을 지정하여 민원심사관의 업무를 나눠 맡도록 할 수 있다.

(3) **민원심사관의 업무**

① 독촉장 발부

민원심사관(분임 민원심사관을 포함한다)은 민원의 처리상황을 수시로 확인·점검하여 처리기간이 지난 민원을 발견한 경우에는 지체 없이 처리주무부서의 장(민원심사관이 처리주무부서의 장인 경우에는 관계 직원을 말한다)에게 독촉장을 발급하여야 한다.

② 다수인관련민원 처리상황 확인·점검

민원심사관은 다수인관련민원의 처리상황을 확인·점검하고 그 결과를 소속 행정기관의 장에게 수시로 보고하여야 한다.

25 접수된 민원을 처리하지 아니하는 경우에 대하여 약술하시오. (20점)

2018, 2024 기출

1. 민원처리의 예외

행정기관의 장은 접수된 민원(법정민원을 제외한다)이 민원처리 예외의 사유에 해당하는 경우에는 그 민원을 처리하지 아니할 수 있다. 이 경우 그 사유를 해당 민원인에게 통지하여야 한다.

2. 민원처리 예외의 사유

⑴ 고도의 정치적 판단을 요하거나 국가기밀 또는 공무상 비밀에 관한 사항

⑵ 수사, 재판 및 형 집행에 관한 사항 또는 감사원의 감사가 착수된 사항

⑶ 행정심판, 행정소송, 헌법재판소의 심판, 감사원의 심사청구, 그 밖에 다른 법률에 따라 불복 구제절차가 진행 중인 사항

⑷ 법령에 따라 화해·알선·조정·중재 등 당사자 간의 이해 조정을 목적으로 행하는 절차가 진행 중인 사항

⑸ 판결·결정·재결·화해·조정·중재 등에 따라 확정된 권리관계에 관한 사항

⑹ 감사원이 감사위원회의의 결정을 거쳐 행하는 사항

⑺ 각급 선거관리위원회의 의결을 거쳐 행하는 사항

⑻ 사인 간의 권리관계 또는 개인의 사생활에 관한 사항

⑼ 행정기관의 소속 직원에 대한 인사행정상의 행위에 관한 사항

26 민원문서의 보완절차에 대하여 약술하시오. (20점)

1. 보완 요구

행정기관의 장은 접수한 민원문서에 보완이 필요한 경우에는 상당한 기간을 정하여 지체 없이 민원인에게 보완을 요구하여야 한다.

(1) 보완 요구의 방법

행정기관의 장은 민원인에게 민원문서의 보완을 요구하는 경우에는 문서 또는 구술 등으로 하되, 민원인이 특별히 요청한 경우에는 문서로 하여야 한다.

(2) 요구 시한

보완 요구는 민원문서를 접수한 때부터 8근무시간 이내에 하여야 한다. 다만, 현지조사 등 정당한 사유로 8근무시간이 지난 후 보완하여야 할 사항이 발견된 경우에는 즉시 보완을 요구하여야 한다.

2. 보완기간 연장 요청

행정기관의 장은 보완 요구를 받은 민원인이 보완 요구를 받은 기간 내에 보완을 할 수 없음을 이유로 보완에 필요한 기간을 분명하게 밝혀 기간 연장을 요청하는 경우에는 이를 고려하여 다시 보완기간을 정하여야 한다. 이 경우 민원인의 기간 연장 요청은 2회로 한정한다.

3. 재보완 요구

행정기관의 장은 민원인이 정한 보완 기간 또는 다시 정한 보완기간 내에 민원문서를 보완하지 아니한 경우에는 10일 이내의 기간을 정하여 다시 보완을 요구할 수 있다.

4. 보완 요구기간 계산방법

민원문서의 보완에 필요한 기간의 계산방법에 관하여는 「민법」 제156조, 제157조 및 제159조부터 제161조까지의 규정을 준용한다.

5. 민원처리 종결 전 보완 · 변경 · 취하

민원인은 해당 민원의 처리가 종결되기 전에는 그 신청의 내용을 보완하거나 변경 또는 취하할 수 있다. 다만, 다른 법률에 특별한 규정이 있거나 그 민원의 성질상 보완 · 변경 또는 취하할 수 없는 경우에는 그러하지 아니하다.

27 민원문서의 반려와 종결처리에 대하여 약술하시오. (10점)

1. 민원문서의 반려

(1) 기간 내 보완 요구 불응

민원인이 보완기간 내에 민원문서를 보완하지 아니한 경우에는 그 이유를 분명히 밝혀 접수된 민원문서를 되돌려 보낼 수 있다.

(2) 민원 취하에 의한 반환 요청

행정기관의 장은 민원인이 민원을 취하하여 민원문서의 반환을 요청한 경우에는 다른 법령에 특별한 규정이 있는 경우를 제외하고는 그 민원문서를 민원인에게 돌려주어야 한다.

2. 민원의 종결처리

(1) 소재 불분명으로 인한 보완 요구가 2회에 걸쳐 반송된 경우

행정기관의 장은 민원인의 소재지가 분명하지 아니하여 보완 요구가 2회에 걸쳐 반송된 경우에는 민원을 취하(取下)한 것으로 보아 이를 종결처리할 수 있다.

(2) 처리된 민원결과 일정기간 불수령

행정기관의 장은 민원인에게 직접 교부할 필요가 있는 허가서 · 신고필증 · 증명서 등의 문서(전자문서 및 전자화문서는 제외한다)를 정당한 사유 없이 처리완료 예정일로부터 15일이 지날 때까지 민원인 또는 그 위임을 받은 자가 수령하지 아니한 경우에는 이를 폐기하고 해당 민원을 종결처리할 수 있다.

28 민원의 처리진행상황과 처리결과의 통지 절차 및 통지 방법 등에 대하여 기술하시오. (20점)

1. 처리진행상황 등의 통지

(1) 통지 방법

행정기관의 장은 민원이 접수된 날부터 30일이 지났으나 처리가 완료되지 아니한 경우 또는 민원인의 명시적인 요청이 있는 경우에는 그 처리진행상황과 처리완료 예정일 등을 적은 문서를 민원인에게 교부하거나 정보통신망 또는 우편 등의 방법으로 통지하여야 한다.

(2) 통지 기한

민원이 접수된 날부터 30일이 지날 때마다 통지하는 것을 원칙으로 한다.

(3) 통지의 생략

민원인에게 인터넷 홈페이지 등에 민원의 처리진행상황 등이 공개될 것임을 사전에 안내한 경우에는 통지를 생략할 수 있다.

2. 처리결과의 통지 등 2022 기출

(1) 결과의 통지

행정기관의 장은 접수된 민원에 대한 처리를 완료한 때에는 그 결과를 민원인에게 문서로 통지하여야 한다. 다만, 기타민원의 경우와 통지에 신속을 요하거나 민원인이 요청하는 등 대통령령으로 정하는 경우에는 구술, 전화로 통지할 수 있다.

(2) "기타민원의 경우와 통지에 신속을 요하거나 민원인이 요청하는 등 대통령령으로 정하는 경우"란 다음의 어느 하나에 해당하는 경우를 말한다.

① 기타민원의 경우
② 민원인에게 처리결과를 신속하게 통지하여야 하는 경우
③ 민원인이 구술 또는 전화로 통지하도록 요청하거나 구술 또는 전화로 통지하는 것에 동의하는 경우

29 행정기관의 장은 민원 처리결과 통지를 전자문서로 갈음할 수 있다. 그 사유와 거부결정 통지 시 통지내용, 처리결과를 증명서로 교부하는 경우에 대하여 약술하시오. (20점) 2022 기출

1. 전자문서통지 갈음

행정기관의 장은 다음의 어느 하나에 해당하는 경우에는 전자문서로 통지하는 것으로 갈음할 수 있다. 다만, (2)에 해당하는 경우에는 민원인이 요청하면 지체 없이 민원 처리결과에 관한 문서를 교부하여야 한다.

(1) 민원인의 동의가 있는 경우

(2) 민원인이 전자민원창구나 통합전자민원창구를 통하여 전자문서로 민원을 신청하는 경우

2. 전자화문서 진본성 확인

행정기관의 장은 민원인에게 전자문서로 통지하는 경우에 첨부되는 전자화문서가 행정기관이 보관하고 있는 전자화문서와 일치하는지에 대하여 민원인 또는 이해관계자 등이 확인을 요청한 경우에는 그 진본성을 확인해 주어야 한다.

3. 거부결정 통지

행정기관의 장은 민원의 처리결과를 통지할 때에 민원의 내용을 거부하는 경우에는 거부 이유와 구제절차를 함께 통지하여야 한다.

4. 증명서 등 교부

행정기관의 장은 민원의 처리결과를 허가서·신고필증·증명서 등의 문서(전자문서 및 전자화문서는 제외한다)로 민원인에게 직접 교부할 필요가 있는 때에는 그 민원인 또는 그 위임을 받은 자임을 확인한 후에 이를 교부하여야 한다.

30 민원 처리결과의 통지와 관련하여 전자증명서의 발급과 전자문서 출력 사용, 처리담당자의 명시에 대하여 약술하시오. (20점) [2022 기출]

1. 전자증명서의 발급

(1) 행정기관의 장은 전자민원창구 또는 통합전자민원창구를 통하여 전자증명서(행정기관의 장이 특정한 사실이나 관계 등을 증명하기 위하여 전자문서 및 전자화문서로 발급하는 민원문서를 말한다. 이하 같다)를 발급할 수 있다.

(2) (1)에 따라 전자증명서를 발급하는 경우 관계법령 등에 특별한 규정이 있는 경우를 제외하고는 수수료를 감면할 수 있다.

(3) (1)에 따라 발급할 수 있는 전자증명서의 종류는 행정안전부장관이 관계 행정기관의 장과의 협의를 거쳐 결정·고시한다.

2. 전자문서 출력사용(공문서 규정)

행정기관의 장이 다음 각 호의 조치를 하여 민원인에게 전자문서로 통지하고 민원인이 그 전자문서를 출력한 경우에는 이를 「행정업무규정」 제3조 제1호에 따른 공문서로 본다.
① 위조·변조 방지조치
② 출력한 문서의 진위확인조치
③ 그 밖에 출력한 문서의 위조·변조를 방지하기 위하여 행정안전부장관이 고시한 조치

3. 출력 전자문서 종류 고시

행정기관의 장은 제1항에 따라 출력한 문서를 공문서로 보는 전자문서의 종류를 정하여 미리 관보에 고시하고, 해당 기관의 인터넷 홈페이지 등에 게시하여야 한다(제2항).

4. 처리 담당자 명시

행정기관의 장이 민원인에게 처리기간 연장의 통지, 민원문서의 보완 요구, 처리진행상황의 통지, 처리결과의 통지 등을 할 때에는 그 담당자의 소속·성명 및 연락처를 안내하여야 한다.

31 무인민원발급창구를 통한 민원문서의 발급절차와 민원수수료 납부방법
에 대하여 약술하시오. (20점) 2022 기출

1. 무인민원발급창구를 이용한 민원문서의 발급

행정기관의 장은 무인민원발급창구를 통하여 민원문서(다른 행정기관 소관의 민원문서를 포
함한다)를 발급할 수 있다.

(1) 무인민원발급창구의 개념

무인민원발급창구란 행정기관의 장이 행정기관 또는 공공장소 등에 설치하여 민원인이
직접 민원문서를 발급받을 수 있도록 하는 전자장비를 말한다(법 제2조 제8호).

(2) 관인날인

행정기관의 장은 무인민원발급창구를 이용하여 민원문서를 발급할 때에는 소관 행정기관
의 관인(전자이미지관인을 포함한다. 이하 같다)을 생략하고 해당 기관의 관인을 찍어 발
급할 수 있다. 다만, 법령상 또는 그 민원의 성질상 소관 행정기관의 관인을 찍을 필요가
있는 민원문서에는 소관 행정기관의 관인을 찍어야 한다.

(3) 본인확인 방법

행정기관의 장은 민원문서를 발급할 때 법령에 따라 본인임을 확인하여야 하는 경우에
법령에서 특별히 본인확인 방법을 정하고 있지 아니한 경우에는 행정안전부장관이 정한
전자적 매체를 이용하여 확인할 수 있다.

(4) 민원의 종류 등 고시

행정안전부장관은 무인민원발급창구를 이용하여 처리할 수 있는 민원의 종류 및 추가비
용과 전자적 매체를 이용하여 본인확인을 할 수 있는 민원의 종류 등을 정하여 관보에
고시하고, 인터넷 홈페이지에 게시하여야 한다. 이 경우 소관 민원을 관장하는 중앙행정
기관의 장과 미리 협의하여야 한다.

(5) 수수료 감면

무인민원발급창구를 통하여 민원문서를 발급하는 경우에는 다른 법률에도 불구하고 수수
료를 감면할 수 있다.

2. 민원수수료 등의 납부방법

행정기관의 장은 민원인의 편의를 위하여 민원인이 현금·수입인지·수입증지 외에 정보통
신망을 이용한 전자화폐·전자결제 등 다양한 방법으로 민원처리에 따른 수수료 등을 납부
할 수 있도록 조치하여야 한다.

32 반복민원, 중복민원, 다수인민원의 처리방법에 대하여 약술하시오. (20점)

1. 반복민원의 처리

행정기관의 장은 민원인이 동일한 내용의 민원(법정민원을 제외한다)을 정당한 사유 없이 3회 이상 반복하여 제출한 경우에는 2회 이상 그 처리결과를 통지하고, 그 후에 접수되는 민원에 대하여는 종결처리할 수 있다.

2. 중복민원의 처리

행정기관의 장은 민원인이 2개 이상의 행정기관에 제출한 동일한 내용의 민원을 다른 행정기관으로부터 이송받은 경우에도 반복민원의 처리절차를 준용할 수 있다.

3. 동일 민원 여부 결정

행정기관의 장은 반복민원 및 중복민원에 따른 동일한 내용의 민원인지 여부에 대하여는 해당 민원의 성격, 종전 민원과의 내용적 유사성·관련성 및 종전 민원과 동일한 답변을 할 수밖에 없는 사정 등을 종합적으로 고려하여 결정하여야 한다.

4. 다수인관련민원의 처리

(1) 다수인관련민원의 정의

'다수인관련민원'이란 5세대(世帶) 이상의 공동이해와 관련되어 5명 이상이 연명으로 제출하는 민원을 말한다.

(2) 연명부 제출

다수인관련민원을 신청하는 민원인은 연명부(連名簿)를 원본으로 제출하여야 한다.

(3) 행정기관의 장 조치

행정기관의 장은 다수인관련민원이 발생한 경우에는 신속·공정·적법하게 해결될 수 있도록 조치하여야 한다.

(4) 다수인관련민원의 관리

① 사전예방대책 수립

행정기관의 장은 다수인관련민원이 발생하지 아니하도록 사전예방대책을 마련하여야 한다.

② 처리상황 분석·확인

행정기관의 장은 다수인관련민원을 효율적으로 처리하고 관리하기 위하여 다수인관련민원의 처리상황을 분석·확인하여야 한다.

(5) 민원조정위원회 심의

행정기관의 장은 다수인관련민원을 반복민원 또는 중복민원에 따라 종결처리하려는 경우에는 민원조정위원회의 심의를 거쳐야 한다.

(6) 다수인관련민원 처리상황 확인·점검

민원심사관은 다수인관련민원의 처리상황을 확인·점검하고 그 결과를 소속 행정기관의 장에게 수시로 보고하여야 한다.

33 법정민원과 관련하여 사전심사청구에 대하여 기술하시오. (30점) 2016 기출

1. 사전심사의 청구 등

(1) 청구 대상 민원

민원인은 법정민원 중 신청에 경제적으로 많은 비용이 수반되는 민원 등 다음의 어느 하나에 해당하는 민원(이하 "사전심사청구 대상 민원"이라 한다)에 대하여는 행정기관의 장에게 정식으로 민원을 신청하기 전에 미리 약식의 사전심사를 청구할 수 있다.

① 법정민원 중 정식으로 신청할 경우 토지매입 등 민원인에게 경제적으로 많은 비용이 수반되는 민원

② 행정기관의 장이 거부처분을 할 경우 민원인에게 상당한 경제적 손실이 발생하는 민원

(2) 대상 민원 종류 게시 및 민원편람 수록

행정기관의 장은 사전심사청구 대상 민원의 종류 및 민원별 처리기간·구비서류 등을 미리 정하여 민원인이 이를 열람할 수 있도록 게시하고 민원편람에 수록하여야 한다.

(3) 관계기관의 장 협의

행정기관의 장은 사전심사가 청구된 법정민원이 다른 행정기관의 장과의 협의를 거쳐야 하는 사항인 경우에는 미리 그 행정기관의 장과 협의하여야 한다.

(4) 결과 통보

행정기관의 장은 사전심사 결과를 민원인에게 문서로 통지하여야 하며, 가능한 것으로 통지한 민원의 내용에 대하여는 민원인이 나중에 정식으로 민원을 신청한 경우에도 동일하게 결정을 내릴 수 있도록 노력하여야 한다. 다만, 민원인의 귀책사유 또는 불가항력이나 그 밖의 정당한 사유로 이를 이행할 수 없는 경우에는 그러하지 아니하다.

(5) 법적·제도적 장치 마련

행정기관의 장은 사전심사 제도를 효율적으로 운영하기 위하여 필요한 법적·제도적 장치를 마련하여 시행하여야 한다.

2. 사전심사청구 대상 민원의 처리절차

(1) 일반적 민원처리절차 준용

사전심사청구 대상 민원의 접수 및 처리절차에 관하여는 「민원 처리에 관한 법률」 제20조 (관계기관·부서 간의 협조), 제6조(민원의 접수), 제24조(민원문서의 보완절차 및 방법 등) 및 제25조(민원문서의 반려 등)를 준용한다.

(2) 처리기간

사전심사청구 대상 민원의 처리기간은 다음의 범위에서 행정기관의 장이 정한다. 다만, 불가피한 사유로 처리기간 내에 처리가 곤란한 경우에는 처리기간을 연장할 수 있다.

① 처리기간이 30일 미만인 민원
  처리기간
② 처리기간이 30일 이상인 민원
  30일 이내

(3) 구비서류

행정기관의 장은 사전심사청구 대상 민원의 구비서류를 최소화하여야 하며, 사전심사청 구 후 정식으로 민원이 접수되었을 때에는 이미 제출한 구비서류를 추가로 요구해서는 아니 된다.

(4) 기간 단축처리

행정기관의 장은 사전심사를 거친 민원은 특별한 사유가 없으면 처리기간을 단축하여 신 속히 처리하여야 한다.

34 복합민원의 처리방법에 대하여 약술하시오. (20점) [2013 기출]

1. 복합민원의 개념

복합민원이란 하나의 민원 목적을 실현하기 위하여 관계법령 등에 따라 여러 관계기관(민원과 관련된 단체·협회 등을 포함한다) 또는 관계부서의 허가·인가·승인·추천·협의 또는 확인 등을 거쳐 처리되는 법정민원을 말한다.

2. 복합민원의 처리

행정기관의 장은 복합민원을 처리할 주무부서를 지정하고 그 부서로 하여금 관계기관·부서 간의 협조를 통하여 민원을 한꺼번에 처리하게 할 수 있다.

(1) 민원서류 일괄제출

행정기관의 장은 복합민원과 관련된 모든 민원문서를 지정된 처리주무부서에 한꺼번에 제출하게 할 수 있다.

(2) 복합민원 종류 등 게시 및 민원편람 수록

행정기관의 장은 관계기관의 장과 협의하여 복합민원의 종류와 접수방법·구비서류·처리기간 및 처리절차 등을 미리 정하여 민원인이 이를 열람할 수 있도록 게시하고, 민원편람에 수록하여야 한다.

3. 복합민원 처리 유형

복합민원의 처리 유형은 법령에 규정되어 있지 않지만, 통상적으로 행정기관에서 복합민원 처리 시 사용하는 유형을 분류하면 다음과 같다.

(1) 의제처리

어떠한 인·허가를 받기 위하여 근거 법령이 서로 다른 인·허가를 함께 받아야 할 경우 그 관련 인허가가 주된 인·허가와 중복되거나 유사하다면 주된 인·허가만 받으면 관련 인·허가도 함께 받은 것으로 간주하여 처리

(2) 창구일원화

주된 인·허가와 관련되어 있는 인·허가의 접수를 모두 받도록 하되, 민원인이 일일이 담당부서를 직접 찾아다니지 않고 주된 인허가 및 관련 인·허가에 필요한 구비서류를 모두 갖추어 주된 인허가의 처리부서에 제출하면 주무부서에서 책임을 지고 관련 부서와 협의를 거쳐 처리

(3) 개별처리

주된 인·허가와 관련되어 있는 인·허가들을 민원인이 각각 신청·접수하여 처리

35 **민원실무심의회의 설치·운영에 대하여 약술하시오. (20점)** 2021 기출

1. 민원실무심의회 설치

행정기관의 장은 복합민원을 심의하기 위하여 그 소속으로 민원실무심의회를 설치·운영하여야 한다. 이 경우 민원실무심의회의 명칭은 해당 기관의 특성을 고려하여 달리 정할 수 있다.

2. 위원장 및 위원

(1) 위원장

민원실무심의회의 위원장은 처리주무부서의 장이 된다.

(2) 위원

위원은 관계기관 또는 부서의 실무책임자가 된다.

(3) 외부위원 위촉

행정기관의 장은 특히 필요하다고 인정하는 경우에는 민원 관련 외부전문가를 민원실무심의회의 위원으로 위촉할 수 있다.

3. 민원실무심의회 운영

(1) 실무자회의 참석 요청

위원장은 관계기관 또는 부서의 실무책임자에게 회의 참석을 요청할 수 있으며, 그 요청을 받은 사람은 정당한 사유가 없으면 이에 따라야 한다.

(2) 현지 확인·조사 등의 합동 실시 요청

위원장은 심의를 위하여 필요하다고 인정되는 경우에는 관계기관 또는 부서에 현장 확인이나 조사 등을 합동으로 실시할 것을 요청할 수 있으며, 그 요청을 받은 관계기관 또는 부서는 특별한 사유가 없으면 이에 따라야 한다.

(3) 이해관계인 등의 의견 청취

위원장은 민원실무심의회의 효율적인 운영을 위하여 필요하다고 인정되는 경우에는 이해관계인·참고인 또는 감정인 등의 의견을 들을 수 있다.

(4) 민원인의 회의 참석에 대한 사전통지

위원장은 민원실무심의회에 민원인을 참석하게 하는 경우에는 민원인에게 회의일정 등을 미리 통지하여야 한다. 이 경우 민원인이 희망하거나 출석할 수 없는 특별한 사정이 있는 경우에는 서면(전자적 방법에 의한 서면을 포함한다)으로 의견을 진술하게 할 수 있다.

4. 민원실무심의회의 심의 생략

행정기관의 장은 창업·공장설립 등 대규모 경제적 비용이 수반되는 복합민원의 경우에는 신속한 처리를 위하여 민원실무심의회의 심의를 생략하고 민원조정위원회에 직접 상정하여 심의할 수 있다.

36 민원 1회 방문 처리제에 대하여 약술하시오. (20점) ^{2021 기출}

1. 민원 1회방문 처리제의 개념

행정기관의 장은 복합민원을 처리할 때에 그 행정기관의 내부에서 할 수 있는 자료의 확인, 관계기관·부서와의 협조 등에 따른 모든 절차를 담당 직원이 직접 진행하도록 하는 민원 1회방문 처리제를 확립함으로써 불필요한 사유로 민원인이 행정기관을 다시 방문하지 아니하도록 하여야 한다.

2. 민원 1회방문 처리제의 시행절차

(1) 민원 1회방문 상담창구의 설치·운영

행정기관의 장은 민원 1회방문 처리에 관한 안내와 상담의 편의를 제공하기 위하여 민원 1회 방문 상담창구를 설치하여야 한다.

(2) 민원후견인의 지정·운영

① 민원후견인의 지정

행정기관의 장은 민원 1회방문 처리제의 원활한 운영을 위하여 민원 처리에 경험이 많은 소속 직원을 민원후견인으로 지정하여 민원인을 안내하거나 민원인과 상담하게 할 수 있다.

② 민원후견인의 업무

행정기관의 장은 소속 직원을 복합민원에 대한 민원후견인으로 지정하여 다음의 직무를 수행하게 할 수 있다.

㉠ 민원 처리방법에 관한 민원인과의 상담

㉡ 민원실무심의회 및 민원조정위원회에서의 민원인의 진술 등 지원

㉢ 민원문서 보완 등의 지원

㉣ 민원처리과정 및 결과의 안내

(3) 복합민원을 심의하기 위한 실무기구(민원실무심의회)의 운영

(4) 실무기구의 심의결과에 대한 민원조정위원회의 재심의

(5) 행정기관의 장의 최종결정

37 민원조정위원회의 설치·운영에 대하여 약술하시오. (20점) ^{2021 기출}

1. 민원조정위원회의 설치·운영

행정기관의 장은 다음의 사항을 심의·조정하기 위하여 민원조정위원회를 설치·운영하여야 한다.

(1) 장기 미해결 민원, 반복민원 및 다수인관련민원에 대한 해소·방지대책

(2) 거부처분에 대한 이의신청

(3) 민원처리 주무부서의 법규 적용의 타당성 여부와 민원실무심의회 심의결과에 따른 재심의

(4) 소관이 명확하지 아니한 민원의 처리주무부서의 지정

(5) 민원 관련 법령 또는 제도 개선사항

(6) 「민원처리에 관한 법률 시행령」 제36조 제8항에 따라 상정된 복합민원

(7) 그 밖에 민원의 종합적인 검토·조정 또는 종결처리 등을 위하여 그 기관의 장이 민원조정위원회의 회의에 부치는 사항

2. 민원조정위원회의 심의 생략

행정기관의 장은 다음의 어느 하나에 해당하는 경우에는 민원조정위원회의 심의를 생략할 수 있다.

(1) 해당 민원을 처리할 때 행정기관의 판단 여지가 없는 경우

(2) 법령에 따라 민원 처리요건이 구체적으로 규정되어 있어 해석의 여지가 없는 경우

(3) 이미 민원조정위원회의 심의를 거쳐 거부된 민원이 같은 사유로 다시 접수된 경우

3. 민원조정위원회의 구성

(1) 위원장

행정기관의 장이 소속 국장급 공무원 또는 그에 상당하는 직원 중에서 지명한다.

(2) 위원

처리주무부서의 장, 관계부서의 장, 감사부서의 장, 외부 법률전문가 및 민원과 관련된 외부전문가로 구성하는 것을 원칙으로 한다. 다만, 민원실무심의회에서 관계기관과의 협의를 거쳐 거부하는 것으로 결정된 복합민원을 심의·조정하는 경우에는 그 관계기관의 처리주무부서의 장을 위원으로 할 수 있다.

4. 민원조정위원회의 운영

(1) 이해관계인 등의 의견 청취

위원장은 민원조정위원회의 효율적인 운영을 위하여 필요하다고 인정되는 경우에는 이해
관계인·참고인 또는 감정인 등의 의견을 들을 수 있다.

(2) 민원인 및 이해관계인의 회의 참석에 대한 사전통지

위원장은 민원조정위원회를 개최할 때에는 민원인 및 이해관계인 등이 참석할 수 있도록
민원인 및 이해관계인 등에게 회의일정 등을 미리 통지하여야 한다. 이 경우 민원인 및
이해관계인 등이 희망하거나 출석할 수 없는 특별한 사정이 있는 경우에는 서면으로 의견
을 진술하게 할 수 있다.

38 다수인관련민원 등에 관한 민원조정위원회의 심의에 대하여 약술하시오.

(20점)

1. 다수인관련민원 등에 관한 민원조정위원회의 심의

민원조정위원회는 다수인관련민원과 종결처리된 후 다시 접수된 민원(이하 "다수인관련민원 등"이라 한다)에 관한 사항을 매년 1회 이상 심의해야 한다.

(1) 다수인관련민원 등 심의

행정기관의 장은 민원인의 권리보호 및 권익구제를 위하여 필요하다고 인정하는 경우에는 다수인관련민원과 법 제23조 제1항에 따라 종결처리된 후 다시 접수된 민원에 관한 사항을 법 제34조에 따른 민원조정위원회의 심의에 부칠 수 있다.

(2) 다수인관련민원 등의 추이 등 분석결과 민원조정위원회 제출

행정기관의 장은 민원조정위원회가 위 (1)에 따른 심의를 하기 전에 해당 연도에 접수된 다수인관련민원 등의 추이(推移), 유형 및 처리현황 등을 분석하여 그 결과를 민원조정위원회에 제출할 수 있다.

(3) 심의사항 부존재 시 심의

민원조정위원회는 위 (1)에 따른 심의사항이 없는 경우에는 다수인관련민원 등에 관한 법 제34조 제1항 제1호(다수인관련민원, 반복민원의 해소, 방지대책)의 사항을 심의해야 한다.

2. 거부된 민원에 대한 같은 사유 접수 시 의견제시 요청

(1) 행정기관 지도 · 감독 행정기관장에게 의견제시 요청 등

행정기관의 장은 민원조정위원회의 심의를 거쳐 거부된 다수인관련민원 등이 같은 사유로 다시 접수된 경우에는 행정기관의 장을 지도 · 감독하는 행정기관의 장에게 의견제시를 요청할 수 있다.

(2) 민원조정위원장 상위 직급 공무원 지정 심의

중앙행정기관의 장, 특별시장 · 광역시장 · 특별자치시장 · 도지사 · 특별자치도지사 또는 특별시 · 광역시 · 특별자치시 · 도 · 특별자치도의 교육감은 의견 제시를 요청하지 않고, 민원조정위원회 위원장의 직급보다 상위 직급의 공무원을 위원장으로 하여 심의하도록 할 수 있다.

(3) 의견제시

의견제시를 요청받은 행정기관의 장이 의견을 제시하려는 경우에는 민원조정위원회의 심의를 거쳐야 한다.

3. 종결처리

행정기관의 장은 의견제시 및 심의를 거치거나 심의를 거쳐 거부된 다수인관련민원 등이 같은 사유로 다시 접수된 경우에는 민원조정위원회의 심의를 생략하고 종결처리할 수 있다.

39 거부처분에 대한 이의신청 절차에 관하여 약술하시오. (20점) ^{2014, 2024 기출}

1. 이의신청 기간

법정민원에 대한 행정기관의 장의 거부처분에 불복하는 민원인은 그 거부처분을 받은 날부터 60일 이내에 그 행정기관의 장에게 문서로 이의신청을 할 수 있다.

2. 이의신청 방법

이의신청은 다음의 사항을 적은 문서로 하여야 한다.

(1) 신청인의 성명 및 주소(법인 또는 단체의 경우에는 그 명칭, 사무소 또는 사업소의 소재지와 대표자의 성명)와 연락처

(2) 이의신청의 대상이 되는 민원

(3) 이의신청의 취지 및 이유

(4) 거부처분을 받은 날 및 거부처분의 내용

3. 이의신청 처리절차

(1) 이의신청 결정통지

① 통지기한

행정기관의 장은 이의신청을 받은 날부터 10일 이내에 그 이의신청에 대하여 인용 여부를 결정하고 그 결과를 민원인에게 지체 없이 문서로 통지하여야 한다. 다만, 부득이한 사유로 정하여진 기간 이내에 인용 여부를 결정할 수 없을 때에는 그 기간의 만료일 다음날부터 기산(起算)하여 10일 이내의 범위에서 연장할 수 있으며, 연장 사유를 민원인에게 통지하여야 한다.

② 통지내용

행정기관의 장은 이의신청에 대한 결과를 통지할 때에는 결정 이유, 원래의 거부처분에 대한 불복방법 및 불복절차를 구체적으로 분명하게 밝혀야 한다.

(2) 연장통지

행정기관의 장은 이의신청 결정기간의 연장을 통지할 때에는 통지서에 연장 사유 및 기간 등을 구체적으로 적어야 한다.

4. 행정쟁송

민원인은 이의신청 여부와 관계없이 「행정심판법」에 따른 행정심판 또는 「행정소송법」에 따른 행정소송을 제기할 수 있다.

40 위법 · 부당한 민원처리에 대한 시정 요구에 대하여 약술하시오. (20점)

1. 위법 · 부당한 민원처리에 대한 시정 요구

민원인은 민원처리 과정에서 다음의 어느 하나에 해당하는 경우에는 그 행정기관의 장 또는 감독기관의 장에게 이를 시정할 것을 요구할 수 있다.

(1) 행정기관의 장이 법 제9조 제1항을 위반하여 민원의 접수를 보류 · 거부하거나 접수된 민원문서를 부당하게 되돌려 보낸 경우

(2) 행정기관의 장이 법 제10조 제1항을 위반하여 관계법령 등에서 정한 구비서류 외의 서류를 추가로 요구하는 경우

(3) 법 제17조 및 제18조에 따른 민원의 처리기간을 경과한 경우

2. 처리결과 통지

시정 요구를 받은 행정기관의 장 또는 감독기관의 장은 지체 없이 이를 조사하여 필요한 조치를 하고 그 처리결과를 민원인에게 통지하여야 한다.

03 민원행정제도의 개선

문1 민원행정제도 개선안 제출절차 약술

1. 민원행정제도 개선계획 수립 · 시행

(1) 기본지침 작성

행안부장관, 매년, 행정기관장 통보

(2) 개선계획 수립 및 시행

행정기관장 지침 따라 기관 특성 고려

2. 민원제도의 개선

(1) 개선안 발굴

행정기관장

(2) 개선내용 통보

(3) 개선안 제출

(4) 검토 권고

(5) 개선 권고

(6) 민원행정제도개선조정회의 부의

3. 행정기관장 수용 여부 결정 통보
(1) 행정안전부장관이 개선안을 통보한 경우

(2) 행정안전부장관이 개선을 권고한 경우

(3) 민원제도개선조정회의에서 심의·조정한 경우

문2 | 민원행정제도개선조정회의

1. 설치
여러 부처 관련 민원제도 개선사항 심의·조정, 국무총리 소속

2. 조정회의 기능
(1) 여러 부처 관련 민원제도 개선사항 심의 및 조정

(2) 행정기관 미이행, 미개선 과제 심의, 이행 권고

(3) 민원제도 개선업무 효율적 추진

(4) 법 제39조 제6항 사항

(5) 기타 위원장 필요사항

3. 조정회의 구성
(1) 인적 구성

(2) 위원장 및 위원

(3) 간사

4. 조정회의 조치
(1) 관계 행정기관장에 대한 설명, 자료·서류 등 요구

(2) 참고인 또는 관계 직원 출석 및 의견진술 요구

문3 민원 실태조사 및 간소화의 내용 약술

1. 실태조사
중앙행정기관장, 매년 그 기관 민원처리 및 운영 실태

2. 간소화
조사결과 따른 소관 민원 구비서류, 처리절차 등

(1) 간소화 방안 제출
중앙행정기관장 간소화 방안 → 행안부장관

(2) 간소화 방안 점검
행안부장관 점검, 필요 시 개선 권고

(3) 개선 노력
중앙행정기관장(개선 권고 시)

문4 법정민원 신설 사전진단 약술

1. 법정민원 신설 사전진단

2. 진단결과 통보
중앙행정기관장 → 행안부장관

(1) 입법·행정예고 동시 통보
(2) 행안부장관 회신(15일 이내)

3. 개선사항 협의
행안부장관, 통보받은 진단결과 소관 중앙기관장과 협의

민원의 개선상황, 운영실태 확인 · 점검 · 평가 약술

1. 확인 · 점검 · 평가 등
(1) 확인 · 점검 · 평가

(2) 결과 공개

해당 기관 홈페이지

2. 시정조치 건의 및 요구
(1) 시정조치 건의

(2) 시정조치 요구

(3) 처리결과 통보

3. 평가
(1) 민원행정 및 민원제도 개선의 추진상황에 대한 평가

(2) 결과 공개

(3) 우수기관 및 우수직원 포상

41 민원행정제도 개선과 관련, 개선안 제출에 대하여 약술하시오. (20점)

1. 민원행정 및 제도개선 계획

(1) 기본지침 작성

행정안전부장관은 매년 민원행정 및 제도개선에 관한 기본지침을 작성하여 행정기관의 장에게 통보하여야 한다.

(2) 계획의 수립 및 시행

행정기관의 장은 기본지침에 따라 그 기관의 특성에 맞는 민원행정 및 제도개선 계획을 수립·시행하여야 한다.

2. 민원제도의 개선

(1) 개선안 발굴

행정기관의 장은 민원제도에 대한 개선안을 발굴·개선하도록 노력하여야 한다.

(2) 개선내용 통보

행정기관의 장은 (1)에 따라 개선한 내용을 다음의 사항을 포함하여 행정안전부장관에게 통보하여야 한다.

① 민원제도 개선추진계획 및 경과
② 개선 내용 및 실적
③ 개선에 대한 완료시점

(3) 개선안 제출

행정기관의 장과 민원을 처리하는 담당자는 민원제도에 대한 개선안을 행정안전부장관 또는 그 민원의 소관 행정기관의 장에게 제출할 수 있다.

(4) 검토 권고

행정안전부장관은 제출받은 개선안을 검토하여 필요한 경우에는 그 소관 행정기관의 장에게 통보하여 검토하도록 하여야 한다.

(5) 개선 권고

개선안을 제출·통보받은 소관 행정기관의 장은 그 수용 여부를 결정하여야 하며, 행정안전부장관은 행정기관의 장이 수용하지 아니하기로 한 사항 중 개선할 필요성이 있다고 인정되는 사항에 대하여는 소관 행정기관의 장에게 개선을 권고할 수 있다.

(6) 민원행정제도개선조정회의 부의

행정기관의 장이 행정안전부장관으로부터 권고받은 사항을 수용하지 아니하는 경우 행정안전부장관은 민원제도개선조정회의에 심의를 요청할 수 있다.

3. 행정기관장 수용 여부 결정 통보

행정기관의 장은 다음에 해당하는 경우에는 그 수용 여부를 결정하여 행정안전부장관에게 통보하여야 한다.

(1) 행정안전부장관이 개선안을 통보한 경우

(2) 행정안전부장관이 개선을 권고한 경우

(3) 민원제도개선조정회의에서 심의·조정한 경우

42 민원제도개선조정회의에 대하여 약술하시오. (20점)

1. 민원제도개선조정회의 설치

여러 부처와 관련된 민원제도 개선사항을 심의·조정하기 위하여 국무총리 소속으로 민원제도개선조정회의를 둔다.

2. 조정회의 심의·조정사항

(1) 여러 부처와 관련된 민원제도 개선사항

(2) 행정기관의 미이행 또는 미개선 과제에 대한 심의 및 이행 권고 등에 관한 사항

(3) 민원제도 개선업무의 효율적 추진에 관한 사항

(4) 「민원 처리에 관한 법률」 제39조 제6항에 따라 심의를 요청받은 사항(행정기관의 장이 행정안전부장관으로부터 권고받은 사항을 수용하지 아니하여 행정안전부장관이 민원제도개선조정회의에 심의를 요청한 경우)

(5) 그 밖에 조정회의의 위원장이 필요하다고 인정하는 사항

3. 조정회의의 구성

(1) 인적 구성

조정회의는 위원장 1명을 포함한 10명 이내의 위원으로 구성한다.

(2) 위원장 및 위원

조정회의의 위원장은 국무조정실장으로 하고, 위원은 기획재정부·행정안전부·국무조정실·법제처 및 관련 과제의 소관 행정기관의 부기관장으로 한다. 다만, 민원제도 개선을 위하여 필요한 경우에는 외부전문가를 위원으로 위촉할 수 있다.

(3) 간사

조정회의에 간사 2명을 두고, 간사는 행정안전부장관 및 국무조정실장이 소속 공무원 중에서 각각 지명하는 사람이 된다.

4. 조정회의의 조치 등

(1) 조정회의의 위원장은 필요하다고 인정하는 경우 다음의 조치를 할 수 있다.

① 관계 행정기관의 장에 대한 설명 또는 자료·서류 등의 제출 요구

② 참고인 또는 관계 직원의 출석 및 의견진술의 요구

(2) 행정기관의 장은 위 (1)의 요구를 받은 경우 특별한 사유가 없으면 이에 따라야 한다.

43 민원행정제도의 개선과 관련하여 민원 실태의 조사 및 간소화 방안, 법정민원 신설 시 사전진단에 대하여 약술하시오. (20점)

1. 민원의 실태조사 및 간소화

(1) 실태조사

중앙행정기관의 장은 매년 그 기관이 관장하는 민원의 처리 및 운영 실태를 조사하여야 한다.

(2) 간소화

중앙행정기관의 장은 (1)에 따른 조사결과에 따라 소관 민원의 구비서류, 처리절차 등의 간소화 방안을 마련하여야 한다.

2. 민원 간소화 방안의 제출 등

(1) 간소화 방안의 제출

중앙행정기관의 장은 소관 민원의 구비서류, 처리절차 등의 간소화 방안을 마련한 경우 그 간소화 방안을 행정안전부장관에게 제출해야 한다.

(2) 개선 권고

행정안전부장관은 제출받은 간소화 방안을 점검하고 필요한 경우 개선을 권고할 수 있다.

(3) 개선 노력

중앙행정기관의 장은 행정안전부장관의 권고에 따라 개선하도록 노력해야 한다.

3. 법정민원 신설 사전진단

(1) 사전진단 실시

중앙행정기관의 장은 소관 법정민원을 신설하려는 경우에는 그 민원의 처리기간·구비서류·수수료 등의 적정성에 대해 사전진단을 실시해야 한다.

(2) 사전진단결과 통보

중앙행정기관의 장은 사전진단의 결과를 행정안전부장관에게 통보해야 한다.

① 입법·행정예고 동시 통보

중앙행정기관의 장은 통보하는 경우 사전진단 대상 민원의 근거가 되는 법령안에 대한 입법예고 또는 훈령·예규·고시안에 대한 행정예고와 동시에 해야 한다. 다만, 「행정절차법」 제41조 제1항 각 호 외의 부분 단서에 따라 입법예고를 하지 않는 경우 또는 같은 법 제46조 제1항 각 호 외의 부분 단서에 따라 행정예고를 하지 않는 경우에는 지체 없이 통보해야 한다.

② 개선사항 회신

행정안전부장관은 특별한 사정이 없으면 통보를 받은 날부터 15일 이내에 해당 민원의 개선에 필요한 사항을 회신해야 한다.

(3) 개선사항 협의

행정안전부장관은 통보받은 사전진단의 결과에 대해 소관 중앙행정기관의 장과 그 법정민원의 개선에 필요한 사항을 협의할 수 있다.

44 민원행정 및 제도 개선을 위한 민원 개선상황과 운영실태의 확인·점검·평가에 대하여 약술하시오. (20점)

1. 확인·점검·평가 등

(1) 확인·점검·평가

행정안전부장관은 효과적인 민원행정 및 제도의 개선을 위하여 필요하다고 인정할 때에는 행정기관에 대하여 민원의 개선상황과 운영실태를 확인·점검·평가하고 그 결과를 해당 행정기관의 장에게 통보할 수 있다.

(2) 결과 공개

행정기관의 장은 확인·점검·평가 결과를 통보받은 경우에는 이를 해당 행정기관의 인터넷 홈페이지에 공개하여야 한다.

2. 시정조치의 건의 및 요구 등

(1) 시정조치 건의

행정안전부장관은 확인·점검·평가 결과 민원의 개선에 소극적이거나 이행 상태가 불량하다고 판단되는 경우 국무총리에게 이를 시정하기 위하여 필요한 조치를 건의할 수 있다.

(2) 시정조치 요구

행정안전부장관은 시정조치가 필요하다고 판단되는 사항 중 처리기간의 경과, 구비서류의 추가 요구 및 부당한 접수 거부 등 경미한 사항은 직접 관계 행정기관의 장에게 그 시정에 필요한 조치를 요구할 수 있다.

(3) 결과 통보

국무총리로부터 시정 요구를 받거나 행정안전부장관으로부터 시정 요구를 받은 관계 행정기관의 장은 행정안전부장관에게 그 처리결과를 통보하여야 한다.

3. 평가

(1) 민원행정 및 민원제도 개선의 추진상황에 대한 평가

행정안전부장관은 민원행정 개선을 위하여 필요하다고 인정되는 경우에는 행정기관에 대한 민원행정 및 민원제도 개선의 추진상황에 대한 평가를 할 수 있다.

(2) 평가결과 공개

행정기관의 장은 평가결과를 공개하는 경우에는 행정안전부장관이 평가결과를 통보한 날부터 14일 이내에 해당 행정기관의 인터넷 홈페이지에 1개월 이상 공개해야 한다.

(3) 우수직원 포상

행정안전부장관은 평가결과에 따라 우수 기관 및 직원에 대하여 포상할 수 있다.

45 민원행정에 관한 여론수집 절차에 대하여 약술하시오. (20점)

1. 여론수집

행정안전부장관은 행정기관의 민원 처리에 관하여 필요한 경우 국민들의 여론을 수집하여 민원행정 제도 및 그 운영의 개선에 반영할 수 있다.

2. 민원행정에 관한 여론수집 절차

(1) 여론조사 의뢰

행정안전부장관은 행정기관의 민원처리에 관한 국민들의 여론을 수집하려는 경우 효율적인 여론 수집을 위하여 필요한 때에는 관련 기관 또는 단체 등에 여론조사를 의뢰할 수 있다.

(2) 시정조치 요구 및 처리결과 통보

행정안전부장관은 국민들의 여론을 수집한 결과 민원행정제도 및 운영의 개선이 필요한 경우 국무총리의 승인을 받아 관계 행정기관의 장에게 시정에 필요한 조치를 요구할 수 있다. 이 경우 관계 행정기관의 장은 적절한 조치를 하고, 그 처리결과를 행정안전부장관에게 통보하여야 한다.

2025 박문각 행정사 2차
이상기 사무관리론 목차 및 단문 문제집

초판인쇄 | 2025. 2. 5. **초판발행** | 2025. 2. 10. **편저자** | 이상기

발행인 | 박 용 **발행처** | (주)박문각출판 **등록** | 2015년 4월 29일 제2019-000137호

주소 | 06654 서울시 서초구 효령로 283 서경 B/D 4층 **팩스** | (02)584-2927

전화 | 교재 문의 (02)6466-7202

저자와의
협의하에
인지생략

정가 20,000원

ISBN 979-11-7262-549-8